中国林业发展报告

2013

国　家　林　业　局

2013 中国林业发展报告

编辑委员会

编写组

前　言

2012年，是中国林业发展史上具有重要意义的一年。党的十八大胜利召开并对建设生态文明做出全面部署，要求把生态文明建设放在突出地位，融入经济建设、政治建设、文化建设、社会建设各方面和全过程。建设生态文明，开辟了人类文明建设的新境界，开启了中华民族永续发展的新征程。

生态文明建设是推动中国特色社会主义事业发展、实现中华民族伟大复兴的重大理论创新和实践深化，赋予林业新的历史使命。要求林业建设必须在加强生态保护、生态修复、生态重建、生态功能提升的基础上增强自然生态系统的承载能力；必须把保护自然生态系统、构建生态安全格局和促进绿色发展作为林业建设的中心任务，为建设生态文明和美丽中国，实现中华民族永续发展做出新贡献。

新的发展理念提升了林业在生态文明和美丽中国建设中的地位，也提出了更高要求；新的发展要求为林业发挥作用创造了新的机遇，也增添了新的挑战。新形势下，林业高举生态林业和民生林业大旗，全面推进林业建设，取得了重要成果。

全国已确权集体林地27亿亩，占各地纳入集体林权制度改革面积的99.05%。完成荒山荒地造林559.58万公顷，义务植树26亿株。全年实现林业产业总产值3.95万亿元，同比增长28.94%，提前三年实现“十二五”规划目标。全国林产品进出口贸易额达到1 206亿美元。林业建设投资实际完成3 342.09亿元，比2011

年增长 26.95%。

在取得成绩的同时，我们也清醒地认识到，当前林业发展中还存在一些问题：林业发展质量效益偏低，富民作用未得到充分发挥；林区民生问题十分突出，林区职工收入和社会保障远低于地方平均水平；改革任务仍然繁重，集体林权制度改革巩固成果、深化改革面临较大挑战，国有林场和国有林区改革涉及面广、历史遗留问题多；林业资源保护压力持续增加，林地非法流失和湿地面积减少的趋势仍未得到遏制，乱砍滥伐、乱捕滥猎的现象依然存在。这些问题严重制约着生态文明建设和经济社会发展，必须引起高度重视，认真研究解决。

2013 年是实现林业“十二五”规划的关键年，林业既要对完成“十二五”规划任务进行全面谋划，又要针对新形势开创林业发展新局面。今后一个时期，林业要以建设生态文明为总目标，以改善生态、改善民生为总任务，着力构建国土生态空间规划体系、生态修复工程体系、生态产品生产体系、生态建设政策体系、生态安全制度体系和生态文化体系，努力建设美丽中国，推动我国走向社会主义生态文明新时代。

2013 年 9 月

目 录

A P1-18

摘要

摘　要

2012年，各级林业部门以科学发展观为指导，全面贯彻落实党的十八大精神，以建设生态文明为总目标，以改善生态、改善民生为总任务，加快发展现代林业，深化林业改革，加强生态建设和保护，提升林业产业发展的速度和质量，加大林区民生改善和林区基础设施建设力度，林业各项事业取得新成就。

1. 造林绿化全面推进，森林抚育继续加强

2012年，我国造林绿化工作全面推进，社会造林和工程造林齐头并进。全年完成造林面积559.58万公顷，其中，人工造林382.07万公顷，飞播造林13.64万公顷，无林地和疏林地新封山育林163.87万公顷，全国共有6亿人次参加各种形式的义务植树活动，植树26亿株。截至2012年年底，全国参加义务植树人数累计达139亿人次，义务植树640亿株。2012年，完善了森林抚育规程，启动了森林经营样板基地建设，森林抚育经营由试点转向全面推开。在中央财政森林抚育资金的支持下，全国完成森林抚育（含低产低效林改造）836.92万公顷，比2011年增长3.03%，中、幼龄林抚育面积766.17万公顷，比2011年增长4.46%；抚育改造出材量771.45万立方米，占2012年全国木材产量的9.44%。

2. 防沙治沙取得重要进展，湿地和生物多样性保护成效明显

2012年，全国防沙治沙工作进展加快，完成了《全国防沙治沙规划（2001～2020年）》的编制工作，上报国务院审批，通报了“十一五”省级政府防沙治沙目标责任综合考核结果，并被确定为省级政府领导班子和领导干部综合考核的重要依据。全年完成沙化土地治理面积153.5万公顷。完成第二次石漠化监测，石漠化土地面积年均减少16万公顷，人工造林种草和植被保护对石漠化逆转发挥着主导作用，其贡献率达72%，坡耕地的石漠化呈加剧趋势，年均弃耕面积为0.48万公顷，坡耕地质量进一步下降。石漠化治理工程投资范围扩大到300个县；国务院批准了《全国湿地保护工程“十二五”实施规划》，恢复湿地2万公顷，新增湿地保护面积9万公顷和85处国家湿地公园试点，确认了11处国家重要湿地；生物多样性保护进一步加强，实施了近30种珍稀濒危野生动物繁育项目，首只经过系统野化训练的人工繁育大熊猫“淘淘”和一批野马、野骆驼成功放归自然，开展了落叶木莲、大别山五针松、紫檀等珍稀濒危物种和极小种群拯救保护重点工作。

3. 林业重点生态工程深入实施，国家生态安全屏障进一步稳固

2012年，国家林业重点生态工程深入实施，共完成造林面积275.39万公顷，占全部造林面积的49.21%，其中，天然林资源保护工程、退耕还林工程、京津风沙源治理工程和三北及长江流域等防护林建设工程分别为48.52万公顷、65.53万公顷、54.17万公顷和107.18万公顷，分别占全部造林面积的8.67%、11.71%、9.68%和19.15%。截至2012年年底，林业系统自然保护区总数2150处，比2011年增加24处，总面积1.25亿公顷，约占国土总面积的13%，其中国家级自然保护区286处，面积7 713.82万公顷。2012年，国家继续加大石漠化治理力度，共完成林业建设任务31.73万公顷，其中：人工造林7.68万公顷，封山育林24.05万公顷。

4. 林业产业增速较快，产业结构趋向优化

2012年，林业产业持续快速增长。全年实现林业产业总产值3.95万亿元（按现价计算），比2011年增加8 854亿元，增长28.94%。其中第一、二、三产业分别增长24.35%%、25.23%和68.44%。林业三次产业的产值结构由2011年的36.14 ∶ 54.54 ∶ 9.32调整为34.85 ∶ 52.97 ∶ 12.18。分地区看，东部10省林业产业总产值比重较大，占全部林业产业总产值的52.06%；中部6省林业产业总产值为7 621.26亿元。东部省份增长最快，与其他地区的差距进一步拉大。林业产业总产值超过3 000亿元的省份共有5个，分别为广东、山东、浙江、福建和江苏。

2012 年，各种主要林产品产量稳中有升。各类经济林产品总量达到 1.42 亿吨，比 2011 年增长 5.97%；竹材产量为 16.44 亿根，比 2011 年增长 6.81%。年末实有花卉种植面积 96.91 万公顷，比 2011 年增长 12.40%。全国商品材总产量为 8 174.87 万立方米，与 2011 年产量基本持平。锯材产量持续增长，产量为 5 568.19 万立方米，比 2011 年增长 24.84%。人造板产量增速放缓，产量达到 22 335.79 万立方米，比 2011 年增长 6.77%。其中，胶合板 10 981.17 万立方米，同比增长 11.26%；纤维板 5 800.35 万立方米，同比增长 4.28%；刨花板产量 2 349.55 万立方米，同比减少 8.20%；其他人造板 3 204.71 万立方米（细木工板占 58.28%），同比增长 9.44%。木竹地板产量略有减少，产量为 6.04 亿平方米，同比减少 3.94%。其中，实木木地板 1.25 亿平方米，占全部木竹地板产量的 20.75%；复合木地板 3.71 亿平方米，占全部木竹地板的 61.33%；其他木地板 0.59 亿平方米，占全部木地板产量的 9.79%；竹地板 0.49 亿平方米，占全部木地板产量的 8.12%。2012 年，全国木制家具总产量 23 897 万件，比 2011 年下降 3.64%。木浆产量 810 万吨，比 2011 年下降 1.58%。

2012 年，油茶种植面积达到 350 万公顷，当年新造油茶林 23.59 万公顷，低产林改造 11.42 万公顷，油茶籽产量 173 万吨，比 2011 年增长 16.73%，产油产量达 45 万吨，油茶产值达 387 亿元。

2012 年，木材战略储备基地示范建设启动，中央投资 2.28 亿元，建设木材战略储备生产基地 10 万公顷。截至 2012 年年底，7 个示范省区全部完成计划任务。

2012 年全国森林公园共接待游客 6.8 亿人次，森林公园直接旅游收入达 618 亿元，社会综合旅游收入 4 400 亿元。

5. 生态文化建设成效显著，生态文化引领作用日益显现

生态文化基础设施建设水平进一步提高 2012 年，生态文化场馆完善硬件设施，提升服务水平，积极发挥弘扬生态文化的主阵地作用。生态文化休憩场所挖掘自身潜力，建立健全各类生态文化廊道、知识标牌、宣传橱窗、户外电子屏幕等设施，切实增强生态文化传播功能。生态文化教育示范基地立足实际，突出特色，建设的规模和质量取得新的突破。2012年，全国新建生态文化场馆112处，新建生态文化休憩场所251处，新建生态文化教育示范基地77处。国家林业局、教育部、共青团中央命名武汉大学、福建省上杭县古田镇、辽宁省本溪关门山国家森林公园、河南省云台山国家森林公园、湖北省钟祥市大口国家森林公园、浙江省开化县中国·根艺美术博览园、湖南省五尖山国家森林公园、陕西省牛背梁国家级自然保护区、贵州省龙架山国家森林公园、福建省九龙谷国家森林公园10家单位为"国家生态文明教育基地"，使国家生态文明教育基地达到51家。

生态文化产品创作空前活跃 2012年，我国第一部系统研究绿色中国建设理论与实践的学术专著《绿色中国》面世。文艺创作的题材更加广泛，体裁更加丰富，产生了以报告文学《"猛烈"的植树运动开生态修复与建设之先河——中华苏维埃时期林业的地位与贡献》、《三代人的足迹》，散文《大森林里的童年》、《想念一棵树》，诗歌《云杉树》、《绿色大坝》，歌曲《绿色的眷恋》，舞剧《孔雀》，文学评论《在破碎中体味生命的流动与自由》，电影《完美人生》、《野马》，晚会《绿之魂》为代表的一大批思想性、艺术性、观赏性相统一、人民喜闻乐见的优秀生态文艺作品。《大地寻梦》大型电视行动启动。

生态文化传播范围不断扩大 2012年，腾讯、新浪、百度、搜狐、网易等门户网站，根据社会公众阅读特点，突出主题，丰富内容，创新形式，不断加大生态文化传播的广度和深度，不断扩大生态文化传播的覆盖面和影响力。国家林业局官方微博"@国家林业局"在新浪网正式上线并开通运营。《中国绿色时报》、《中国林业》等中央林业报刊，发挥自身优势，围绕共和国部长植树、造林绿化表彰动员大会、森林防火、6·17世界防治荒漠化日、全国第二次石漠化监测结果发布、“走京津工程看绿色变迁”、岩溶地区沙漠化防治工作现场会、加入湿地公约20周年、天然林保护现场会、造林补贴政策试点等重大活动和事件，深入采访，以消息、通讯、评论、综述、专栏、专版等多种形式予以报道，形成强大宣传声势，为推进生态林业和民生林业发展营造了良好舆论氛围。《中国的绿色增长——党的十六大以来中国林业的发展》正式出版，《绿竹神气——中国一百首咏竹古诗词精选》（中英文版）出版发行。各种展览、展会、论坛与时俱进，创新形式，丰富内涵，为广泛传播生态文化、引导社会公众牢固树立人与自然和谐发展的生态文明观念发挥了重要的推动作用。

生态文化队伍建设取得积极进展　2012年，理论研究人才培养取得新成效，一批优秀中青年专家学者成为生态文化重大课题和重点项目的领军者；理论研究机构建设取得新突破，新的生态文化学术组织不断涌现。文艺创作人才队伍得到壮大，文学、戏剧、电影、电视、音乐、舞蹈、美术、摄影、书法、曲艺、杂技，以及民间文艺、群众文艺等多领域文艺工作者积极投身弘扬生态文化、倡导生态文明的文艺创作活动之中，并带动众多文艺爱好者从事生态文艺创作。生态文化管理队伍整体素质得到提升，一大批懂业务、善管理的优秀人才充实到生态文化建设主管部门，各地根据需要相继新建一批生态文化建设管理机构。

6. 林业改革不断深化，林业政策取得新突破

2012年，集体林权制度改革继续深入。全国29个省（自治区、直辖市）已确权集体林地27.02亿亩（1亩=1/15公顷，下同），占各地纳入集体林权制度改革面积的99.05%，确权发证工作基本完成。全国累计发证面积26.04亿亩，占已确权林地总面积的96.37%，发证户数8 981.25万农户，占涉及林改的总农户数的60.01%。26个省（自治区、直辖市）建立了地方森林生态效益补偿基金制度。林权抵押面积累计5 780.49万亩，贷款金额792.31亿元。23个省（自治区、直辖市）开展了森林保险，投保面积9.15亿亩，保费10.92亿元。全国成立县级及以上的林权交易服务机构1 186个，林业专业合作组织11.15万个。中央财政明确了支持国有林场改革的财政政策，2012年，中央财政安排补助资金12亿元，解决国有林场职工社会保险和分离办社会职能问题。

2012年，国家出台了一系列林业政策。

一是在林业专项规划方面，《全国极小种群野生植物拯救保护工程规划（2011～2015）》、《全国湿地保护工程“十二五”实施规划》等一系列林业专项规划陆续出台，林业宏观调控能力进一步加强。

二是在重点工程建设方面，国家决定实施京津风沙源治理二期工程，工程区范围由北京、天津、河北、山西、内蒙古5个省（自治区、直辖市）的75个县（旗、市、区）扩大至包括陕西在内6个省（自治区、直辖市）的138个县（旗、市、区）。提高巩固退耕还林成果部分项目的补助标准，适当安排“十二五”时期重点生态脆弱区退耕还林任务。有关天然林资源保护工程4部办法出台，工程管理进一步规范。

三是中央财政支持林业发展力度加大。国家级公益林全部纳入森林生态效益补偿范围；17省（自治区、直辖市）的森林保险纳入中央财政森林保险保费补贴范围；国家林业局公布的第二批国家重点林木良种基地中位于14个集中连片特困地区内的，以及核桃、沙生灌木类型的国家重点林木良种基地26处纳入补贴试点范围；中央财政森林抚育补贴面积5 150.18万亩，比2011年增加546.18万亩；中央财政造林补贴试点省（自治区）扩大到全国，内蒙古、宁夏、甘肃、新疆、青海、陕西、山西等省（自治区）灌木林补助标准提高到200元/亩；国家级公益林全部纳入了中央财政森林生态效益补偿范围；国家对天保工程安置职工基本养老保险和基本医疗保险缴费给予一次性补贴，中央财政安排补贴资金50.57亿元，支持各省解决天然林资源保护工程安置职工生活困难和社会保障问题。

四是在产业发展方面，国务院办公厅发布了《关于加快林下经济发展的意见》和《关于加强林木种苗工作的意见》，提出了加快林下经济发展、促进林木种苗发展的政策措施。财政部下发了《关于2012年整合和统筹资金支持木本油料产业发展的意见》，继续整合和统筹资金支持木本油料产业发展。

五是在资源保护方面，明确了加强国有林场森林资源管理七条意见，提出了加强林地确权登记发证和做好国家级公益林区划落界工作的要求，发布了《森林经营方案编制与实施规范》和《简明森林经营方案编制技术规程》、《主要林业有害生物成灾标准》行业标准，出台了《国家森林病虫害预测预报补助项目资金管理办法（试行)》和《国家林业局林业碳汇计量与监测管理办法》，进一步规范林业碳汇计量与监测活动。

7. 林业法制建设迈出新的步伐，依法治林能力进一步提升

2012年，进一步加快《森林法》、《森林病虫害防治条例》修改和《湿地保护条例》立法进程，完成了《集体林权制度改革档案管理办法》、《陆生野生动物疫源疫病监测防控管理办法》、《国家林业局委托实施野生动植物行政许可事项办法》、《湿地保护管理规定》、《中华人民共和国植物新品种保护名录（林业部分）（第五批)》五件部门规章的起草、修改和立法审查。国家林业局2012年第9号公告发布了国家林业局规范性文件清理结果，确定继续有效的规范性文件194件，失效或废止的规范性文件107件。全国共发生林业行政案件27.44万起，与2011年相比，案件发生总量减少1.23万起，下降4.29%。全国森林公安机共立案刑事案件2.94万起，打击处理违法犯罪人员2.8万人，收缴林木89.22万立方米、野生动物54.6万头（只），涉案金额达17.1亿元。开展了“打击野生动物及其制品网络犯罪和非法贸易专项行动”、“打击破坏野生动物资源违法犯罪专项行动”、“绿盾2012”全国林业植物检疫执法检查行动、“打击侵犯品种权行动”等执法专项活动，成果显著。办理国家林业局行政许可事项160 883件，办理行政复议案23件。国务院第六批公布取消和调整林业行政审批项目 8 项。

8. 林业投资持续增加，生态林业民生林业建设动力充足

2012 年，全国林业建设新增到位资金 3 300.92 亿元。与 2011 年相比，新到位资金增长 23.08%。其中，国家预算资金投入 1 556.35 亿元，与 2011 年相比增长 19.52%，占当年到位资金的 47.15%；国内贷款为 328.39 亿元，增长了 19.78%，占当年到位林业建设资金的 9.95%；发行债券筹集到林业建设资金 3.25 亿元，占当年到位资金的 0.10%；自筹资金 1 064.87 亿元，增长 44.41%，占当年林业资金来源的 32.26%；其他来源资金为 316.40 亿元，下降 8.11%，占全年林业各类建设资金的 9.59%。2012 年，全国林业实际利用外资 5.18 亿美元（折合人民币 31.64 亿元），与 2011 年相比下降 69.53%。其中，国外借款 0.89 亿美元，外商直接投资 4.08 亿美元，无偿援助 0.20 亿美元，分别占林业实际利用外资总规模的 17.28%、78.85% 和 3.87%。林业实际利用外资金额占全国外商直接投资（1 117.20 亿美元）的 0.46%。

2012 年，林业投资实际完成 3 342.09 亿元，资金投入计划完成率为 104.59%。分地区看，东部、中部、西部和东北地区林业投资完成额分别为 952.93 亿元、502.72 亿元、1 445.94 亿元和 430.87 亿元，在全部林业投资完成额中所占比重依次为 28.51%、15.04%、43.26% 和 12.89%。按建设内容分，用于生态建设与保护的投资为 1 604.12 亿元，占全部林业投资完成额的 48.00%；用于林木种苗、森林防火、有害生物防治等林业支撑与保障的投资为 222.88 亿元，用于林业产业发展的资金为 820.71 亿元，用于林业民生工程的资金为 245.46 亿元，其他资金 448.92 亿元，在林业投资完成额中所占比重依次为 6.67%、24.56%、7.34% 和 13.43%。

9. 森林资源管理制度日趋完善，监督检查进一步加强

2012 年，在广泛征求意见的基础上修改完善了《占用征收征用林地审核和审批管理办法》；起草了《关于从严控制矿产资源开发等项目占用东北、内蒙古重点国有林区林地的通知》；修订了《林木和林地登记发证管理办法》、《林木和林地登记发证管理办法》；下发了《国家林业局关于进一步加强林地确权登记发证工作的通知》。对全国34个省（自治区、直辖市、公司、建设兵团、森工集团）的165个县级单位2011年以来占用征收林地情况进行了检查，共检查占用征收林地项目4 850项，实际占用征收林地面积22 939.6公顷，其中：经过林业主管部门审核（批）的项目4 110项、面积21 363.1公顷，项目审核率84.74%、面积审核率93.13%。组织对207个使用林地建设项目开展了占用征收林地行政许可被许可人监督检查，发现违法违规使用林地项目48项，面积125.12公顷。各派驻森林资源监督机构对80个县级人民政府保护发展森林资源目标责任制建立和执行情况进行了检查。全国2 730个应当建立责任制的县级政府中，共有2 264个已经建立，占总数的82.93%。天津、吉林等7个省（自治区、直辖市）人民政府下发了关于建立保护发展森林资源目标责任制的文件。

10. 林业种苗建设顺利推进，森林防火能力大幅提升

2012年，全国共采收林木种子2 783万千克，其中，全年全国采种基地共采收种子631万千克。全国共生产良种170万千克，其中：种子园产种量65万千克；母树林产种量105万千克；采穗圃生产穗条24亿条（根），良种繁殖圃生产穗条7.2亿条（根）。2012年建设林木种苗工程项目116个，建设规模10 936.7公顷，其中，建设林木良种基地项目67个，林木种质资源保存库项目30个，采种基地项目3个，能力建设项目11个，种苗繁育基地等其他项目5个。

2012年，全国共发生森林火灾3 966起，其中：一般火灾2 397起，较大火灾1 568起，重大火灾1起，无特大火灾发生。与2011年相比，森林火灾次数下降28.54%，其中一般火灾、较大火灾和重大火灾次数分别下降19.91%、38.46%和88.89%。全国扑救森林火灾共出动62.1万个人工日、车辆5.2万辆（台）次、出动飞机359架次，投入扑救森林火灾经费3.42亿元。2012年，批复森林防火建设项目190个，中央投资22.13亿元，提前下达了12亿元森林防火基本建设投资计划。全国火情瞭望监测覆盖率由45.3%提高到63.1%，森林防火通信覆盖率由53.7%提高到67.7%。

11. 林业有害生物防治有序开展，野生动物疫源疫病监测防控及时高效

2012年全国主要林业有害生物发生面积1 177万公顷，与2011年发生面积基本持平，其中：虫害发生面积846万公顷，病害发生面积131万公顷，鼠（兔）害发生面积200万公顷。另外，有害植物发生面积17万公顷。全国共完成防治面积783万公顷，累计防治作业面积1 748万公顷。主要林业有害生物成灾率控制在4.5‰以下，无公害防治率达87.03%以上，测报准确率达85%以上，种苗产地检疫率达95%以上。

2012年，全国共报告49起野生动物异常情况，死亡野生动物42种7 003只（头），发生1起较大、3起一般野生动物疫情，实现重大以上级别野生动物疫情零发生。下发了《关于做好今春野鸟高致病性禽流感监测防控工作的紧急通知》（林护发〔2012〕3号）。针对广东深圳、贵州分别发现的人感染高致病性禽流感死亡病例，及时组成调查组进行现场调查指导防控工作；及时发现西藏藏羚羊异常死亡事件，派出专家组赴现场指导开展应急处置和采样检测工作，确诊了死因。

12. 林业科技成果丰富，林业教育平稳发展

2012年，中央财政共安排林业科研资金8.9亿元，实施科技项目1 000余项。国家科技支撑项目“油茶产业升级关键技术研究与示范”顺利通过验收；42项林业公益性行业专项项目通过验收，认定成果40项；75项引进国际先进林业科学技术计划（948）项目通过验收，认定成果61项；7项国家林业局重点项目通过验收，认定成果7项。取得其他林业科技成果474项，其中，软科学类2项，基础理论类20项，应用技术类452项。“天然林保护与生态恢复技术”等5项成果获国家科技进步奖二等奖。

2012年，全国普通高等林业院校招收研究生和其他高等学校、科研单位招收林科研究生共 9 218 人，毕业研究生 8 454 人；全国普通高等林业院校招收本专科生和其他高等学校林科招收本专科生共 77 732 人，毕业 70 329 人。国家林业局与内蒙古等 4 个省（自治区）签署协议，合作共建内蒙古农业大学等 4 所大学，引导和支持涉林院校强化林业学科建设。2 所普通高等林业院校的 8 个项目纳入国家 2012 年度“本科教学工程”，获得 1 400 万元的财政经费资助。

13. 林业工作站基础设施建设加强，国有林场建设资金投入加大

2012 年，全国林业站完成基本建设投资 68 104 万元，与 2011 年基本持平。其中，国家投资 15 007 万元，地方配套 53 097 万元。全国新建乡镇林业站 340 个，1 206 个林业站新建了办公用房，715 个站配备了通讯设备，997 个站配备了机动交通工具。建立科技示范基地 77.4 万公顷，推广面积 153.5 万公顷。受理林政案件近 10.1 万件，参与调处林权纠纷 6.5 万件，受理林业承包合同纠纷 2.1 万件。

截至 2012 年年底，全国有国有林场 4 855 处，经营面积 0.767 亿公顷，其中林业用地面积 0.58 亿公顷，森林面积 0.45 亿公顷，森林蓄积量 23.91 亿立方米。2012 年，各级政府投入国有林场资金 153 亿元，其中基本建设投资 33.9 亿元，财政投入 119.1 亿元。中央财政安排 12 亿元资金，支持湖南、江西等省国有林场改革试点；安排国有林场扶贫资金 3.2 亿元，扶持 28 个省（自治区、自辖市）的 720 个国有贫困林场，共 752 个项目；安排危旧房改造资金 9.5 亿元，改造国有林场危旧房 9.5 万户。

14. 林业信息化加快推进基础建设，服务水平全面提升

2012 年，研究建设中国林业数据库和中国林业数字图书馆，国家林业局互联网出口带宽由 100 兆扩容至 200 兆；各省（自治区、自辖市）也加大了资金投入用于升级出口带宽、改造中心机房等建设。网站建设成绩突出，综合排名大幅提升，中国林业网每月信息发布量突破 100 万字，每日访问量突破 100 万人次，由部委网站第十名跨越到第四名，取得历史性突破。新建国有林场、森林公园、种苗基地、自然保护区子站 1 000 个，整合全国市、县级林业门户网站，打造林业系统国家、省、市、县四级网站群。完成林业资源综合监管服务体系试点建设项目，开发了森林资源监管等4个子系统，扩建了林业信息化基础平台。开展示范市、县建设工作。示范主题涵盖了新技术应用、数字平台建设、政务平台建设等多个方面。加强了制度建设，制定了安全保密等几十项运行维护管理制度和基本管理制度；加强资金管理，印发了《林业信息网络资金管理办法》等文件。

15. 区域林业发展不均衡特征明显，区域统筹力度持续加强

我国幅员辽阔，各区域的自然历史条件差异较大，资源禀赋和经济、社会发展不均衡，致使我国的林业发展呈现出明显的区域差异特征。

东部地区 该区包括北京、天津、河北、山东、上海、江苏、浙江、福建、广东、海南10省（直辖市），该区经济实力雄厚，人口众多，林业发展的自然、经济基础较好，生态状况良好，林业产业较为发达，林业发展态势较好，集体林业占据主要地位，是我国重要的林产品生产基地，是我国重要的林业经济发展优势区域。区内森林覆盖率为35.68%，但人均林地面积仅为0.08公顷，为各区最低，日益增长的生态需求与有限的生态供给的矛盾仍然存在。区内林业产业总产值为20 538.51亿元，比2011年增长32.12%，占全国林业产业总产值的52.06%。林地产出率20 828元/公顷，是全国平均水平的2.33倍。区内生产锯材、人造板和竹木地板分别占全国的36.71%、62.03%和64.47%。区内生产各类经济林产品总量、水果和干果产量分别占全国总产量的39.48%、41.49%和29.92%。表明该区林业产业发达，单位森林面积产出能力较强，在全国占有举足轻重的地位。

中部地区 中部地区包括山西、河南、湖北、湖南、江西、安徽6省。该区域是我国主要的集体林区省份，林业产业较为发达，作为东部与西部的过渡地带，此区域的林业表现出较强的发展潜力。区内林业旅游与休闲产业直接带动其他产业产值3 191.71亿元，与2011年相比增长了95.53%，产业发展的带动效应尤为显著。区内油茶林面积 242.30 万公顷，占全国的 69.25%；木本油料和木本药材产品占全国总产量的 72.55% 和 34.37%。林业在岗职工年平均工资水平仍较低，但得到了持续提高，比 2011 年增加了 3 276 元，增幅为 15.62%。区内共发生森林火灾 1 782 次，比 2011 年明显减少了 664 次，但仍高占全国的 44.93%，森林火灾偏重发生；森林病虫鼠害发生率为 5.39%，位居全国之首；林业主要灾害在这一地区仍较为严重，生态建设成果巩固任务较为繁重。

西部地区 西部地区包括内蒙古、广西、重庆、四川、贵州、云南、西藏、陕西、甘肃、青海、宁夏、新疆 12 个省（自治区、直辖市）。该区地域广阔，国土面积占全国总土地面积的七成，尽管森林资源总量大，但生态环境脆弱，林业经济总量较小，产业结构单一，林业建设与保护任务艰巨。区内以公有制经济造林为主体，其中重点工程造林总面积 171.19 万公顷，占该区总造林面积 57.89%。区内的自然保护区个数和面积居各区之首。区内共有自然保护区 813 个，占全国的 37.81%；面积为 10 622.77 万公顷，占全国自然保护区总面积的 85.07%。林地产出率 3 868 元/公顷，仅为全国平均水平的 43.30%，为各区域最低，但增幅明显。林产调料产品、木本药材、林产工业原料分别占全国的 72.21%、45.99% 和 57.06%。区内完成林业投资 1 445.94 亿元，占全国总投资额的 43.26%，比 2011 年增长了 27.36%，其中国家投资占 36.39%。西部地区仍是国家林业投资的重点区域。该区单位林地面积投资额为 816.55 元/公顷，系全国平均水平的 74.73%；单位造林面积投资额为 7 198.61 元/公顷，仅为全国平均水平的 47.36%，单位投资额为各区最低。

东北地区 东北地区包括辽宁、吉林、黑龙江 3 省。土地面积约为国土面积的一成，但是作为我国历史悠久的林业基地，此区域内的森林资源和林业发展在全国范围内具有举足轻重的作用。林业区位熵指数为 1.02，林业专业化程度和林业产业集中度均为各区最高。国有林区 135 个森工局有 82 个分布在该区，国有经济比重较高。区内森林覆盖率为40.22%，为四大区域中最高。区内实现旅游收入282.64亿元，比2011年增长38.97%。区内木材产量进一步调减，区内木材产量916.10万立方米，比2011年明显减少了13.04%。该区森林食品干重占全国总产量的36.32%，是我国森林食品的主产区。区内花卉产业持续发展，花卉从业人员21.33万人。区内完成林业投资430.87亿元，占全国总投资额的12.89%，其中国家投资占61.12%。区内林业系统在岗职工人数51.47万人，占全国的38.72%；该区的林业在岗职工年平均工资为22 154元，是全国平均水平的78.83%，为各区最低。

16. 国际合作与交流有序推进，履约成效明显

2012年，双边交流与合作渠道进一步拓宽。签署了《中华人民共和国国家林业局与卡塔尔国环境部关于林业、荒漠化防治以及野生动植物保护的谅解备忘录》等4个政府间和部门间协议。与有关国家召开了双边工作组会议，确定了几十个合作项目与活动。经济合作继续深化，世界银行贷款“林业综合发展项目”、亚洲开发银行贷款“西北三省区林业生态发展项目”等国际金融组织贷款项目进展顺利。争取德援混合贷款2个项目1 800万欧元、德国援助项目350万欧元。防治荒漠化、野生动植物保护、湿地保护、民间合作与交流等专项国际合作稳步推进，亚太森林恢复与可持续管理组织工作取得积极进展。《濒危野生动植物种国际贸易公约》(CITES)、《联合国防治荒漠化公约》(UNCCD)、《联合国气候变化框架公约》(UNFCCC)、《国际森林文书》(NLBI)和《国际植物新品种保护公约》(UPOV)履约成果丰富。

17. 林产品贸易市场景气下滑，出口增速大幅回落至个位数，进口下降；木材产品市场总供给（总消费）减少

2012年，林产品出口586.91亿美元，比2011年增长6.64%，占全国商品出口额的2.86%；林产品进口619.48亿美元，比2011年下降5.13%，占全国商品进口额的3.41%。

摘　要

2012年，全国木材产品市场总供给为49 491.59万立方米，比2011年增长2.88%。其中：国内商品材产量为8 174.87万立方米，木质刨花板和纤维板折合木材（扣除与薪材供给的重复计算）13 629.01万立方米，农民自用材和烧柴产量为3 969.88万立方米，进口原木及其他木质林产品折合木材23 496.70万立方米，上年库存、超限额采伐等形式形成的木材供给为221.13万立方米。木质林产品进口中，原木进口3 789.27万立方米，比2011年下降10.47%，锯材进口2 066.97万立方米，比2011年下降4.34%。胶合板、纤维板和刨花板的进口量分别为17.88万立方米、21.15万立方米和54.07万立方米，与2011年相比，分别下降5.11%、30.92%和1.14%；木家具进口5.96亿美元，比2011年增长9.16%；木浆进口1 638.08万吨，比2011年增长14.12%；纸和纸制品（按木纤维浆比例折合值）进口325.44万吨，比2011年下降6.42%；废纸进口3 006.71万吨，比2011年增长10.22%。

2012年，全国木材产品消耗总量为49 491.59万立方米，比2011年增长3.68%。其中：工业与建筑用材消耗量为37 801.94万立方米，农民自用材（扣除农民建房用材）和烧柴消耗量为2 833.97万立方米，出口原木及其他木质林产品折合木材8 855.68万立方米。木质林产品出口中，原木出口0.36万立方米，锯材（不包括特形材）出口47.98万立方米，比2011年下降11.83%。胶合板、纤维板和刨花板的出口量分别为1 003.21万立方米、360.91万立方米和21.67万立方米，与2011年比，分别增长4.80%、9.66%和149.64%；木家具出口183.31亿美元，比2011年增长7.08%；纸和纸制品（按木纤维浆比例折合值）出口644.43万吨，比2011年增长7.44%。

2012年非木质林产品出口145.60亿美元，比2011年增长0.57%，占林产品出口额的24.81%；进口245.14亿美元，比2011年下降1.53%，占林产品进口额的39.57%。

2012年，美国、日本仍为最主要的林产品出口市场，而且美国的份额有所提高；进口以北美、东南亚、俄罗斯市场为主。按市场份额，前 5 位出口贸易伙伴依次是美国 22.97%、日本 10.06%、中国香港 5.29%、英国 4.36%、澳大利亚 3.19%；前 5 位进口贸易伙伴分别为美国 12.64%、泰国 11.46%、印度尼西亚 11.33%、马来西亚 8.41%、加拿大 7.60%。

B

P19-36

生态建设

- 造林绿化
- 防沙治沙
- 湿地保护
- 生物多样性保护
- 国家林业重点生态工程

生态建设

2012年，我国生态林业快速发展。全年完成造林面积559.58万公顷，造林结构继续向提高生态效能调整，非国家林业重点造林面积首次超过国家林业重点生态工程造林；荒漠生态系统治理进展加快，全年完成沙化土地治理面积153.5万公顷。京津风沙源治理二期工程投资范围扩大到6个省（自治区、直辖市）的138个县（旗），石漠化治理工程范围扩大到300个县。完成第二次石漠化监测，石漠化土地面积年均减少16万公顷，人工造林种草和植被保护对石漠化逆转发挥着主导作用，其贡献率达72%，坡耕地的石漠化呈加剧趋势，以年均0.48万公顷的速度弃耕；湿地生态系统保护取得新成效，恢复湿地2万公顷，新增湿地保护面积9万公顷和85处国家湿地公园试点，确认11处国家重要湿地；生物多样性保护进一步加强，实施近30种珍稀濒危野生动物繁育项目，首只经过系统野化训练的人工繁育大熊猫“淘淘”和一批野马、野骆驼成功放归自然，开展了落叶木莲、大别山五针松、紫檀等珍稀濒危物种和极小种群拯救保护重点工作，新增林业系统自然保护区24处，保护区面积约占国土面积的13%。

（一）造林绿化

1. 造林绿化稳步推进

2012年，我国造林绿化紧紧围绕林业“双增”目标，以改善生态和改善民生为核心，完成各项建设任务。全国共完成荒山荒地造林面积559.58万公顷，比2011年减少6.68%，其中，人工造林382.07万公顷，飞播造林13.64万公顷，无林地和疏林地新封山育林163.87万公顷，西部12个省、自治区（含新疆生产建设兵团）共完

图1　2003～2012年全国造林面积变化趋势

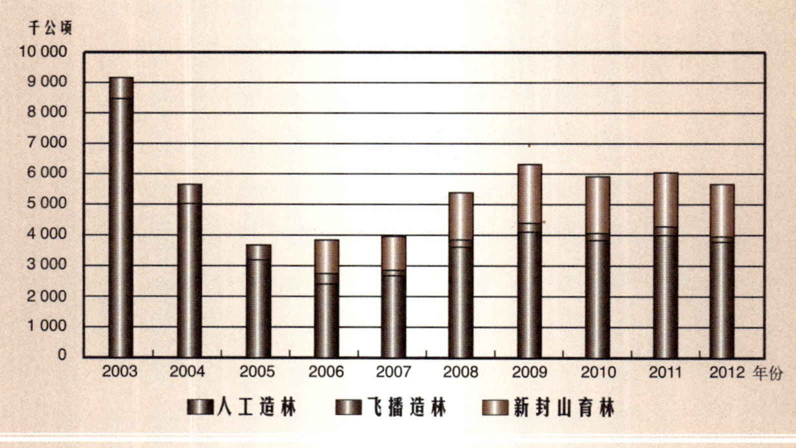

成造林面积295.18万公顷，占全部造林面积的52.75%（图1）。完成有林地造林58.15万公顷；更新造林30.51万公顷；四旁（零星）植树23.94亿株；全国育苗面积、苗木产量和林木种子采集量分别为91.56万公顷、570.78亿株和2.78万吨。

全民义务植树深入开展 2012年，全民义务植树继续发挥动员全社会力量、以“关爱自然、义务植树”为主题，引导社会各界开展义务植树活动，召开全国造林绿化表彰动员大会，高位推动全民义务植树和造林绿化。2012年全国共有6亿人次参加各种形式的义务植树活动，植树26亿株。截至2012年年底，全国参加义务植树人数累计达139亿人次，义务植树640亿株。

城市绿化继续扩大 2012年，全国城市建成区绿化覆盖面积171.9万公顷，比2011年增加10.7万公顷；城市人均公园绿地面积11.8平方米，比2011年增加0.6平方米。全国城市建成区绿化覆盖率、绿地率已分别达到39.2%和35.3%。

部门绿化稳步实施 2012年，交通铁道运输系统全年新增公路绿化里程15.8万千米，全年在铁路沿线栽植乔木481.1万株、灌木1 931.6万穴，截至2012年年底，累计绿化公路220.2万千米，公路绿化率60.9%；已绿化铁路3.9万千米，铁路绿化率78.8%。水利系统全年绿化湖库区4 000公顷、江河沿岸5 600千米，截至2012年年底，累计绿化湖库区11.1万公顷、江河沿岸6.2万千米。农垦系统全年新建农田林网4.1万公顷，绿化垦区矿山2 541.6公顷、道路6 496.6千米、江河沿岸2 259.7千米。教育系统绿色校园建设全面展开，全国各级各类学校绿化率平均达32%。

2. 林种、树种结构调整

2012年，在应对气候变化、加强森林抚育经营等措施的引导下，造林绿化在林种、树种以及结构上，更加注重生态效能和抗灾能力的发挥，乡土树种、珍稀树种和混交林造林继续增加，同时，用材林、经济林造林比重加大，增加林业对国民经济发展的贡献。

公益林继续保持主导地位 2012年，在全部造林面积中，用材林77.44万公顷，经济林110.11万公顷，防护林365.08万公顷，薪炭林4.11万公顷，特种用途林2.84万公顷，占全部造林面积的比重分别为13.84%、19.68%、65.24%、0.73%和0.51%；公益林（防护林和特种用途林）占全部造林的比重为65.75%，比2011年提高近4个百分点；与2002年相比，用材林和经济林比重分别提高2.03和7.41个百分点，防护林降低9.63个百分点（图2）。

乡土树种和珍贵树种造林比重有所提高 近年来我国继续加大乡土树种和珍贵树种的造林力度。2012年，我国速生树种、乡土树种和珍贵树种的造林面积分别为75.51万公顷、359.39万公顷和6.06万公顷，占全部造林面积的比重分别为13.49%、64.23%和1.08%，与2011年相比，速生树种造林比重下降1.96个百分点，乡土树种和珍贵树种的比重分别提高1.02和0.21个百分点。

混交林造林继续增加 混交林有利于减少病虫危害和森林火灾，在涵养水源、

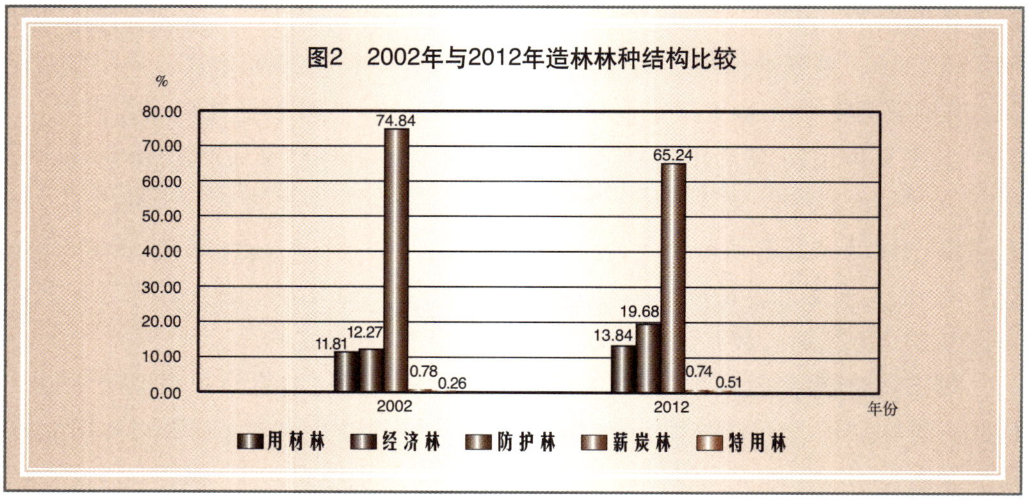

保持水土、防风固沙等方面优于纯林。近年来，我国不断提高混交林造林面积。2012年，我国混交林和纯林的造林面积分别为245.28万公顷和314.30万公顷，占全部造林面积的比重分别为43.83%和56.17%，混交林比重比2011年提高2.59个百分点。

3. 造林质量提高

全国营造林核查情况良好 2012年，全国营造林综合核查，全国共抽查了331个县级单位、1 017个乡级单位的33 255个小班和57个播区，抽查面积32.17万公顷。经核查，2011年度营造林核实总面积620.09万公顷，核实率94.7%，比2010年上升0.4个百分点；合格面积587.36万公顷，合格率94.7%，比2010年下降0.4个百分点。

年营造林面积和成效面积继续保持较高水平 2011年度营造林核实总面积和合格总面积分别为620.09万公顷和587.36万公顷，相关年度的营造林成效总面积达到468.55万公顷。

地方投资造林面积大幅度增加 2011年地方投资造林核实面积达248.79万公顷，与2010年相比增长19.4%。在营造林总面积中，有17个省（自治区、直辖市）的地方投资的比例超过60%，上海、湖南、福建、重庆、江西、广西6个省（自治区、直辖市）超过80%。

木本粮油造林比重进一步增长 2011年核桃、油茶、板栗等木本粮油树种造林比例达到21.5%，比2010年度提高7.6个百分点。

4. 森林抚育力度加大

中央财政森林抚育补贴规模进一步扩大 2012年，森林抚育补贴试点任务、资金规模进一步扩大，中央财政森林抚育补贴试点资金56.76亿元，比2011年增加5.46亿元；安排森林抚育任务343.34万公顷，比2011年增加36.41万公顷。

全国森林抚育继续保持较高水平 2012年，全国完成森林抚育（含低产低效林改造）面积836.92万公顷，比2011年增加24.59万公顷，增长3.03%，其中，低产低效林改造面积70.75万公顷，比2011年下降10.31%；中、幼龄林抚育面积

766.17万公顷，比2011年增长4.46%；抚育改造出材量771.45万立方米，比2011年增加31.36万立方米，占2012年全国木材产量的9.44%。

森林抚育补贴国家级抽查情况良好 2011年度中央财政森林抚育补贴国家级抽查，全国共抽查了266个县级单位、2 356个抚育小班，查阅3 698份作业设计、10 669份作业合同和责任书，抽查面积6.29万公顷。经抽查，2011年度森林抚育补贴试点总体情况良好，面积核实率98.5%，合格率98.0%，全国作业设计合格率87.6%。

（二）防沙治沙

2012年，全国防沙治沙工作在沙化土地封禁保护区试点、省级政府防沙治沙目标责任制考核、京津风沙源治理及石漠化治理等方面取得进展，完成第二次石漠化监测。全年完成沙化土地治理面积153.5万公顷。

沙化土地封禁保护区试点工作取得进展 为落实2012年中央一号文件关于启动沙化土地封禁保护补助试点的要求，加强沙区生态系统的保护，经多方调研及协商，初步确定了封禁保护补助内容、补助标准、资金测算及筹措方式，拟启动实施沙化土地封禁保护补助试点。

公布省级政府防沙治沙目标责任考核结果 按相关考核办法，对省级政府防沙治沙目标责任进行考核。其中，内蒙古、河北、山西、辽宁、陕西、宁夏为工作突出的省份；黑龙江、吉林、甘肃、新疆、青海、西藏和新疆生产建设兵团为工作合格的省份（单位）。考核结果被确定为省级政府领导班子和领导干部综合考核的重要依据。通过考核，提高了地方各级政府和有关部门防沙治沙的责任意识，有力地促进了地方各级政府防沙治沙问责制度的建立和完善。

完成并公布第二次石漠化监测结果 2012年国家林业局组织完成的第二次石漠化监测结果显示：石漠化土地涉及湖北、湖南、广东、广西、重庆、四川、贵州、云南8个省（自治区、直辖市）的463个县（区、市），截至2011年年底，石漠化土地总面积为1 200.2万公顷，与2005年相比，石漠化土地净减少96万公顷，年均减少16万公顷。监测结果表明，我国土地石漠化整体扩散趋势得到初步遏制，由过去持续扩展转为净减少，岩溶地区生态状况呈良性发展态势，但局部地区仍在恶化，防治形势仍很严峻。

（三）湿地保护

2012年，全国湿地保护取得显著成效，在规划等方面有重大突破。

湿地保护规划启动实施 2012年，《全国湿地保护工程“十二五”实施规划》得到国务院批准。该规划确定了“十二五”期间湿地保护工程、湿地恢复与综合治理工程、可持续利用示范工程及能力建设工程，总投资129.87亿元。

湿地立法和制度建设进一步加强 2012年，一是湿地立法工作继续有效推进，先后与环保、农业、水利、海洋、国土、建设等部门，进行了多次立法协调和沟通。二是积极推进湿地生态效益补偿制度建设，湿地补偿纳入国家生态补偿的重点领域。三是积极推进《国家林业局湿地保护管理规定》的制定工作，修改完善《国家湿地公园管理办法》。四是省级湿地立法取得新进展，江西、浙江、新疆3省（自治区）出台了省级湿地保护条例，总数达到14个。

严格湿地资源保护 对鄱阳湖、若尔盖、兴凯湖、乌梁素海、红碱淖等10多处湿地发生的湿地破坏事件进行了监督处理，及时打击破坏或非法占用湿地事件。

中央财政湿地保护补助项目 财政部下达2012年中央财政湿地保护补助资金2亿元，补助项目91个。

国家湿地公园发展步伐进一步加快 湿地公园建设开始纳入地方经济社会发展总体规划，成为抢救性保护湿地和扩大湿地面积的有力途径。2012年，新建85处国家湿地公园试点，国家湿地公园总数达到298处。

（四）生物多样性保护

2012年，我国生物多样性保护在规划编制、濒危野生动物拯救和保护、珍稀濒危物种和极小种群拯救保护、野生动植物资源调查等方面取得积极进展。

编制完成相关野生动植物保护规划 印发《全国野生动植物保护及自然保护区建设工程“十二五”发展规划》；多部门联合印发《全国极小种群野生植物拯救保护工程规划》，对全国极小种群野生植物要求建立数字化监测体系和保护管理信息系统，实施原生生境地全部有效就地保护，建立迁地保护种群等提出了明确要求；初步完成《全国大熊猫保护发展规划》的编制工作；进一步加大了对国家级自然保护区总体规划和生态旅游规划的审批力度。截至2012年年底，全国286处国家级自然保护区中，已有220处编制并由国家林业局批复了自然保护区总体规划。

濒危野生动植物拯救及保护取得新进展 实施野生动物野外巡护、栖息地维护改造、救护繁育等重点项目，实施近30种珍稀濒危野生动物繁育项目，继续推进珍稀濒危野生动物放归自然，首只经过系统野化训练的人工繁育大熊猫“淘淘”和一批野马、野骆驼成功放归自然；华南虎拯救及放归自然工作取得积极进展；大熊猫保护工作取得新进展。截至2012年年底，全国圈养大熊猫总数为341只，已在四川、陕西、甘肃三省建立大熊猫自然保护区64处（四川41处、陕西16处、甘肃7处），其中国家级自然保护区20处（四川12处、陕西7处、甘肃1处），保护区总面积超过340万公顷，使60%的大熊猫栖息地和70%以上的野外大熊猫得到了有效保护；进一步加强野生动物繁育利用的规范和监管，针对象牙加工销售、养熊取胆等野生动物繁育利用活动，协调开展专项执法检查和清理整顿，促进行业经营利用行为的进一步规范；围绕珍稀濒危物种和极小种群拯救保护重点工作，开展了落叶木莲、大别山五针松、紫檀、滇桐、华盖木、坡垒、兰科植物和苏铁等物种的监测、救护与繁育工作，对德保苏铁、杏黄兜兰、华盖木、西畴青冈等极小种群物种进行了种群扩繁和野外回归试验，同时，对土沉香、肉苁蓉等利用需求较大的药用植物加强了野外保护并引导利用规模化人工培植来源的物种。

野生动植物资源调查深入开展 正式启动第二次全国重点保护野生植物资源调查，第二次全国陆生野生动物资源调查和第四次全国大熊猫调查均取得不同程度的进展。

森林风景资源保护和森林公园建设持续推进 2012年，森林风景资源保护和森林公园建设进一步规范，《陕西省森林公园条例》、《内蒙古自治区森林公园管理办法》、《甘肃省森林公园管理条例》陆续公布，出台森林公园专项法规的省份达11个。森林风景资源保护和森林公园建设力度进一步加强，走出了一条开发与保护并举、培育与利用齐抓、生态与经济双赢的发展之路，为促进我国经济社会发展和林业生态建设做出了重要贡献。

（五）国家林业重点生态工程

2012年，国家林业重点生态工程深入实施，共完成造林面积275.39万公顷，占全部造林面积的49.21%，其中，天然林资源保护工程、退耕还林工程、京津风沙源治理工程和三北及长江流域等防护林建设工程造林面积分别为48.52万公顷、65.53万公顷、54.17万公顷和107.18万公顷，分别占全部造林面积的8.67%、11.71%、9.68%和19.15%。地方造林、企业造林及大户造林等非国家重点林业工程造林284.19万公顷，占全部造林面积的50.79%，自1994年以来首次超过国家林业重点生态工程造林面积（图3）。

2012年国家林业重点生态工程完成投资528.38亿元，比2011年下降0.72%，林业重点生态工程投资占全国林业投资的比重为15.81%，比2011年下降4.41个百分点。

图3 2003~2012年林业重点生态工程造林面积与全国造林面积比较

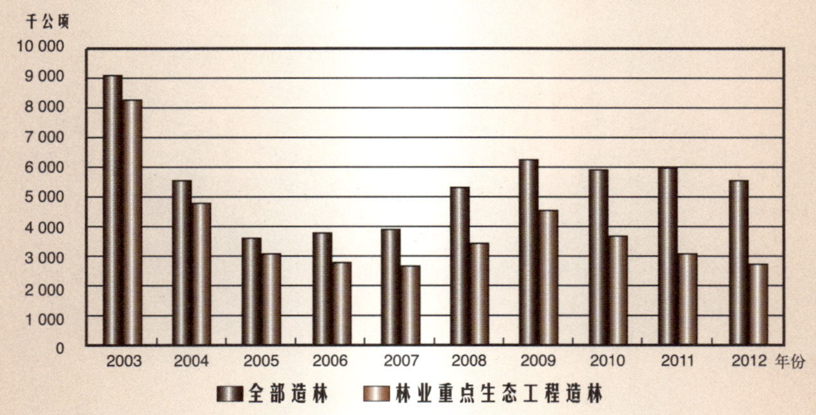

1. 天然林资源保护工程

2012年，天然林资源保护工程二期启动实施，森林管护、职工转岗就业、公益林建设、森林改造培育等建设内容顺利推进。

森林管护 工程区各地落实管护措施，明确管护责任，全年森林管护面积11 409万公顷，其中，国有林管护面积7 042万公顷，集体和个人所有的国家级公益林1 989万公顷，集体和个人所有的地方公益林2 378万公顷，分别占全部森林管护面积的61.72%、17.44%和20.84%。

就业与社会保障 工程区项目实施单位年末人数82.72万人，其中在岗职工60.47万人，占项目实施单位年末人数的73.11%，离开本单位保留劳动关系人员21.00万人，其他从业人员1.25万人。在岗职工年平均工资24 736元。年末实有离退休人数63.65万人，离退休人员年均生活费19 282元。在岗职工参加基本养老保险人数52.73万人，参保比例87.20%，在岗职工参加基本医疗保险人数55.42万人，参保比例91.65%。

造林与森林改造培育 工程区全年完成荒山荒（沙）地造林48.52万公顷，其中人工造林13.79万公顷，飞播造林5.97万公顷，无林地和疏林地新封山育林28.75万公顷。中、幼龄林抚育面积168.15万公顷，后备森林资源培育6.5万公顷。自1998年工程实施以来，15年来已累计完成人工造林310.83万公顷，飞播造林341.27万公顷，新封山育林807.65万公顷。

木材产量 2012年，工程区木材产量进一步调减，全年木材产量1 044.46万立方米，比2011年减少6.27%，其中人工林木材产量548.31万立方米，占全年木材产量的52.50%。2012年天保工程区木材产量占全国木材总产量的12.78%。

投资 2012年，工程完成投资218.63亿元，比2011年增长19.68%，其中国家投资171.02亿元，占78.22%，工程投资中，公益林建设、后备资源培育、森

图4 2012年天然林资源保护工程投资结构

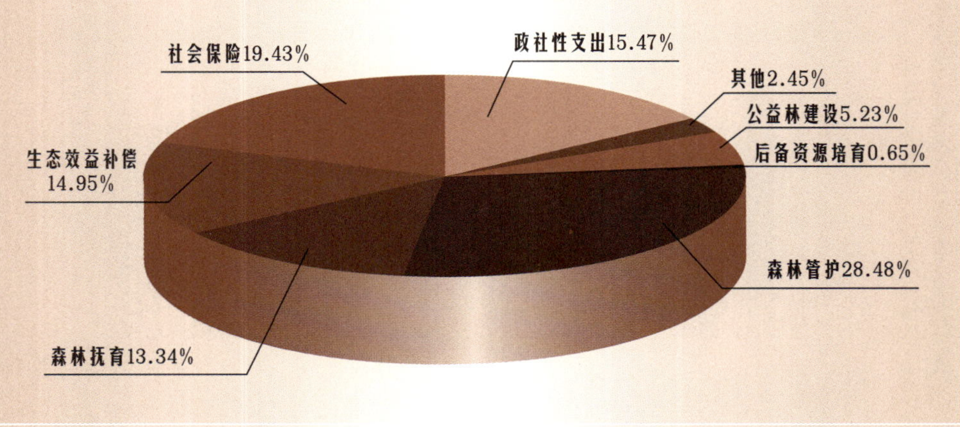

林管护、森林抚育、生态效益补偿、社会保险、政社性支出和其他的投资分别为11.44亿元、1.43亿元、62.26亿元、29.17亿元、32.68亿元、42.48亿元、33.81亿元和5.35亿元，公益林建设、后备资源培育、森林管护和森林抚育四项投资占总投资的比重达到47.70%，社会保险投资占19.43%，政社性支出占15.47%，生态效益补偿占14.95%（图4）。自1998年工程实施以来，已累计完成投资1 310.84亿元，其中国家投资1 166.64亿元，占89.00%。

2012年国家林业重点工程社会经济效益监测通过对天然林资源保护工程（以下简称天保工程）区50个样本县和37个样本森工企业监测的结果显示：天保工程实施以来，工程区森林资源得到了有效保护和快速恢复，林业职工通过森林管护、公益林建设、中幼龄林抚育、森林改造培育和政社性岗位等实现了转岗就业，林区民生持续改善，为建设生态文明和实现林业可持续发展奠定了良好的基础。

森林管护进一步加强，建立管护站成为主要方式。2012年，50个样本县实际管护森林面积900.24万公顷，占林业用地面积的70.08%；其中，新建立管护站管护的国有林地面积368.17万公顷，占当年实际管护森林面积的40.90%。森林管护人员25 193人，与2011年相比增加了6931人；其中，管护站人员6 534人，占管护人员总数的25.94%。37个样本森工企业实际管护森林面积1 206.84万公顷，占林地总面积的98.44%，从事资源管护的人员3.27万人，人均管护面积369.06公顷。管护的森林资源中，管护站（队）管护、专业和承包管护、家庭管护和其他管护分别占81.14%、8.71%、1.58%和8.57%，样本森工企业实行管护站（队）为主体的管护模式。

公益林建设稳步开展，后备资源培育大力推进。考虑到天保工程区造林难度增大，2012年50个样本县公益林建设任务量增幅较小，完成公益林建设面积4.96万公顷。其中，人工造林1.95万公顷，飞播造林0.28万公顷，封山育林2.73万公顷，占当年完成公益林建设任务的比重依次为39.31%、5.65%和55.04%。与2011年相比，公益林建设任务量安排没有变化，样本县公益林建设平稳开展。37个样本森工企业加大后备资源培育力度，2012年后备资源培育面积2.57万公顷，比2011年增加0.69万公顷，增长了36.70%；其中，森林改造培育和人工造林分别占90.66%和9.34%。从总体来看，样本企业后备资源培育以森林改造培育为主，森林改造培育以补植补造为主。

木材产量继续调减，东北、内蒙古等重点国有林区为调减重点区域。37个样本森工企业2012年木材产量为133.27万立方米，比2011年调减了46.18万立方米，下调了25.73%；森林资源采伐性消耗量占蓄积净增量的14.99%，大大低于资源净增长量，有利于促进森林资源恢复。分区域来看，木材产量调减的重点在东北、内蒙古等重点国有林区。24个样本森工企业的木材产量为128.00万立方米，比2011年调减了45.48万立方米，下调了26.22%，占总调减量的98.48%。

森林抚育得到进一步加强。50个样本县2012年完成中幼龄林抚育5.15万公顷。按林龄划分，完成抚育幼龄林1.52万公顷，占29.51%；中龄林面积3.63万公顷，占70.49%。按抚育作业方式划分，样本县卫生伐作业面积1.12万公顷，生长伐作业面积1.48万公顷，透光伐作业面积1.26万公顷，三者合计占当年完成中幼龄林抚育面积的74.95%。37个样本森工企业2012年完成抚育面积36.16万公顷，比2011年增长了10.67%；完成抚育面积占规划面积的58.96%，占急需抚育面积的12.92%。从抚育方式来看，完成抚育面积中，修枝/除草/割灌、疏伐、透光伐、卫生伐及其他抚育方式分别占36.26%、24.03%、13.66%、3.99%和22.06%。

林业职工得到妥善分流安置。天保工程实施十多年来，通过安排公益林建设、森林管护、森林抚育等建设任务，缓解了天然林禁伐给林业职工就业和增收带来的负面影响。2012年，50个样本县林业单位年末在册职工16 074人，下岗待安置职工883人，仅占5.49%。当年，样本县公益林建设、森林管护、森林抚育及其他工程建设任务分流安置未充分就业林业职工3 583人，占当年林业从业人员的30.13%。截至2012年年底，样本森工企业在岗职工、下岗待安置职工、离开本单位仍保留劳动关系职工，分别占在册职工总数的71.39%、11.01%和17.60%，有七成以上职工实现转岗就业。其中，从事森林管护、政策性社会性工作、木材采运和木材加工、营造林和种植养殖等其他岗位人数分别占在岗职工总数的26.49%、23.59%、20.95%、16.27%和12.69%，企业职工转岗就业实现了多样化。

社会保险补助受益群体持续扩大。截至2012年年底，50个样本县已累计获得社会保险财政专项补助43 020.07万元；2012年受益林业职工及其他林业从业人员达15 169人，人均补助金额为6 261.98元。样本森工企业职工参加基本养老保险的人数分别为14.00万人，占在册职工总数的85.18%，比2011年提高了5.21个百分点；参加基本医疗、失业、工伤、生育社会保险的人数占规划人数比例分别为92.27%、100%、98.85%和98.55%。

国有林区棚户区改造进展顺利。截至2012年年底，37个样本森工企业危房（含棚户区）改造面积426.38万平方米，占危房（含棚户区）总面积的91.35%；危房（含棚户区）改造工程让25.42万职工家庭人口受益，占林业职工家庭总人口的36.30%。随着棚户区改造工作的推进，林区职工的居住条件得到明显改善。

2. 退耕还林工程

2012年，巩固退耕还林成果工作处于关键阶段。巩固退耕还林专项建设深入实施，加大对困难地区和困难农户的覆盖，林木抚育、补植补造等建设成果后期管护进一步加强。

造林　2012年，退耕还林工程共完成造林面积67.45万公顷（含京津风沙源治理工程区退耕还林1.92万公顷），其中荒山荒地造林46.11万公顷，无林地和疏林地新封山育林21.34万公顷。西部12个省区（含新疆生产建设兵团）共完成38.57万公顷的退耕还林工程任务，占工程总造林面积的57.18%。

退耕补助兑现　2012年，粮款兑现退耕地总面积787.25万公顷（1.18亿亩），粮食补助资金81.54亿元，生活费补助资金35.67亿元，全年退耕补助兑现涉及2 477万农户，比2011年减少25万户，减少的主要原因是部分先期退耕的农户完善退耕还林补助政策已到期。

投资　2012年，退耕还林工程全年完成投资222.70亿元，其中，粮食补助资金和生活费补助117.21亿元，巩固退耕还林成果专项建设资金74.86亿元，分别占完成投资的52.63%和33.62%（图5）。

图5　2012年退耕还林工程投资结构

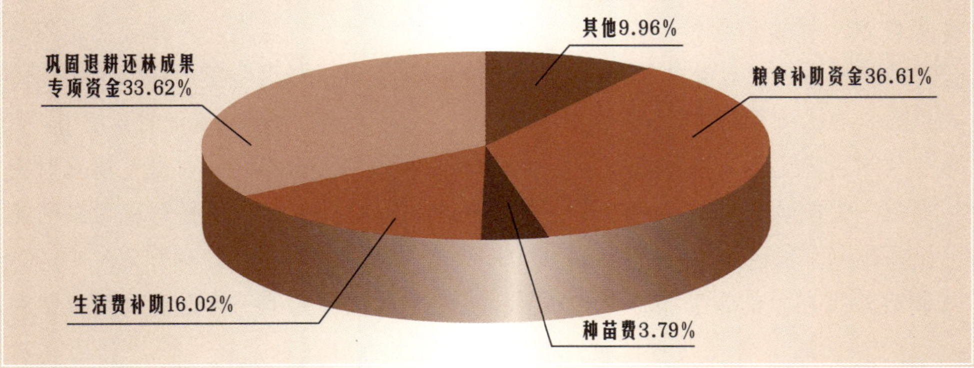

2012年国家林业重点工程社会经济效益监测通过22个省100个退耕还林监测县监测结果显示：退耕还林成果得到巩固，森林面积和蓄积双增长，生态效益显著，有力地促进了耕地生产力提高和农业增长方式转变；新政策周期前的预警指标变化明显，在退耕还林生态效益日益显现但仍较脆弱的情况下，在建设思路上需回归和强调退耕还林生态优先目标；在生态区位重要的贫困退耕区开展新退耕还林政策试验。

退耕地森林管理加强，林木存活状况良好。在退耕地检查验收等工程管理措施的推动下，退耕地经营管理明显加强。86.00%的调查农户知道他们有管护经营退耕地的责任，84.86%的调查农户表示他们进行了退耕林木经营管理，大部分退耕林木存活状况良好，存活较差的比例低于8%。

退耕生态效益日益显现，提高耕地生产力，保障粮食安全。通过退耕还林，监测样本县森林覆盖率增加7.34个百分点；农作物受灾面积趋于下降，2012年样本县农作物受灾面积比退耕以来的平均值下降38.39%；与退耕前的1998年相比，样本县有效灌溉耕地面积增长145.92%，粮食总产增长24.12%，粮食单产高于多年平均值，样本农户粮食单产386.59千克/亩，为退耕以来的最高值。这些指标变化表明，退耕还林通过改善生态环境提高了耕地生产力，有力地维护了粮食安全。

新能源利用持续增加，对能源安全做出积极贡献。监测发现，在退耕还林专项建设的推动下，监测样本农户沼气池、节柴灶、太阳灶和太阳能的拥有率分别为21.45%、25.43%、11.94%和19.29%。同时，节能烤箱、生物质炉、秸秆气化等新能源项目也开始出现，并受到退耕农户的欢迎。在森林资源丰富的退耕地区，柴草仍是主要的农村能源，完全以烧柴为主的农户比例为39.76%，需提高这些退耕地区的新能源利用率。

退耕地产出对农民收入贡献显著，在部分地区已形成替代生计来源。退耕地产出能形成退耕农户替代生计来源，这个决策者一直关注的问题能否成真？监测发现，有40个样本农户的主要收入来源是退耕地上的茶叶、水果、桑蚕养殖等，退耕地产出收入占这些农户收入的59.59%，退耕地产出已形成稳定的替代生计来源。

在集体林权制度改革、城镇化和粮食直补政策三重作用下，退耕地区土地利用变化剧烈，林地继续扩大。在集体林权改革的推动下，监测农户林地面积继续增加。2012年样本农户经营林地面积比2011年增长4.76%，与退耕前的1998年相比，监测农户的户均林地面积从3.48亩增加到30.24亩，增长近8倍；在城镇化的作用下，20%左右的监测农户已不从事种植业生产，4.71%的耕地用于出租，弃耕抛荒情况时有发生；同时，受粮食直补政策的激励，监测农户加大粮食生产，租种耕地现象明显增多，租种耕地面积达到总耕地面积的18.09%，少数地方甚至出现毁林开荒现象。

新政策周期前的预警指标变化明显，提示需尽快研究下一轮退耕政策。监测发现，两轮补助期满的退耕地已达10%左右，出现新的政策空挡；退耕补助比较利益继续下降；复耕已少量出现；由于退耕还生态林没有收益，在退耕补助减半的情况下，用经济林替代生态林的呼声很强烈，如果这种情况发生，退耕还林生态目标的实现将大打折扣，对于25度陡坡退耕和石漠化地区退耕等生态脆弱地区，意味着生态恢复的前功尽弃。必须采取措施阻止这样的情况发生，巩固来之不易的退耕还林成果。

自1999年工程试点启动以来，退耕还林工程已累计完成退耕地造林906.30万公顷，荒山荒地造林1 580.08万公顷，无林地和疏林地新封山育林268.15万公顷，累计兑现粮食补助资金总计1 980.16亿元，累计兑现生活费资金299.46亿元。

3. 京津风沙源治理工程

2012年，国务院批准了《京津风沙源治理二期工程规划（2013～2022年）》，工程范围从一期5个省（自治区、直辖市）的75个县（旗）扩大到6个省（自治区、直辖市）的138个县（旗），林业建设内容在一期林草植被建设的基础上又新增了林草植被保护、工程固沙等内容，规划总投资额由一期的580亿元增加到877.92亿元。

各项建设完成情况 2012年，京津风沙源治理工程共完成造林54.17万公顷，其中人工造林22.76万公顷，比2011年增长5.57%；飞播造林5.43万公顷，无林地和疏林地新封山育林25.97万公顷，比2011年增长18.29%。草地治理面积1.80万公顷，小流域治理面积4.18万公顷。另外，建设暖棚59.74万平方米；购置各类饲料机械6 351台；完成水利配套设施9 188处；实施生态移民267户、1 295人。

京津风沙源治理工程实施12年来，累计完成治理总面积1 027.06万公顷，其中林业工程685.45万公顷，草地治理237.26万公顷，小流域治理104.35万公顷。在林业工程中，累计完成人工造林335.67万公顷、飞播造林94.28万公顷、无林地和疏林地新封山育林255.49万公顷。

投资 2012年，京津风沙源治理工程完成投资41.87亿元，比2011年增长39.23%，其中，林业工程投资35.66亿元，占85.17%。

2012年国家林业重点工程社会经济效益监测通过对21个京津风沙源治理工程样本县监测结果显示：2012年，京津工程林业建设进一步加强了工程管理。全年多次协调、沟通工程相关五省（自治区、直辖市），督促并指导各地统筹安排年度任务，落实责任，同时通过推广内蒙古“两行一带”、山西“6+1”灌草结合等适用、成熟的治沙技术与模式和应用容器苗造林、节水抗旱造林等技术，不断提高造林成活率，确保了工程（一期）建设质量与任务的圆满完成。截至目前，京津工程已完成一期规划投资和建设任务，工程建设增加工程区森林覆盖率3.85个百分点，工程区受风沙危害的乡镇数和行政村个数分别减少了56个和111个，土壤侵蚀面积减少164.53万公顷，减幅达55.53%，工程区样本户家庭农村居民人均纯收入从2000年的1 625.12元增长到2012年的7 923.12元，增长了3.88倍。

土地结构继续优化。与2011年相比，21个样本县（旗）的有林地面积增长0.16%，沙化土地面积下降0.64%。

拉动地区经济增长。2012年，21个样本县（旗）地区生产总值1 603.05亿元，与2011年比，增长18.08%，与2000年比，环比年均增长19.64%。根据我国投资对GDP增长贡献率统计，2000～2012年，样本县京津工程投资共增加地区生产总值29.3亿元，对地区生产总值增长的贡献率为2.08%。

促进农民就业和增收。2012年，21个样本县（旗）外出务工人员73.2万人，327户样本家庭外出务工人数295人，比2011年增加10人。根据沙区人工造林用工和国家统计局农村劳动力就业标准，样本县京津工程人工造林共增加农村劳动力就业11.06万人，仅荒山荒沙人工造林一项增加就业人数就占同期样本县（旗）年末乡村从业人员增长量的46.72%。2000年，样本户家庭农村居民人均纯收入相当于全国平均水平的72.1%。2012年，样本户农村居民人均纯收入已经相当于全国平均水平的100.08%，赶上并超过了全国平均水平。

4. 三北及长江流域等防护林体系建设工程

2012年，三北及长江流域等防护林体系建设工程共完成造林面积107.18万公顷，其中人工造林65.85万公顷，飞播造林0.67万公顷，无林地和疏林地新封山育林40.66万公顷。在全部造林面积中，防护林占90.99%，其中水源涵养林、水土保持林和防风固沙林占防护林的比重分别为11.70%、32.49%和28.96%。2012年，完成低效低产防护林改造1.09万公顷。

三北防护林体系工程 2012年，三北防护林体系建设五期工程规划正式获批实施，增加了退化林分修复和百万亩人工林基地建设内容。2012年，三北防护林工程共完成造林67.87万公顷，其中人工造林40.34万公顷，飞播造林0.67万公顷，无林地和疏林地新封山育林26.86万公顷。

长江流域等防护林体系建设工程 2012年，长江、珠江等防护林体系工程加快建设，完成三期规划编制工作。长江流域防护林工程完成造林面积15.79万公顷，沿海防护林工程完成造林面积14.54万公顷，珠江流域防护林工程完成造林面积5.16万公顷，太行山绿化工程完成造林面积3.81万公顷。

投资 2012年，三北及长江流域等防护林体系建设工程共完成投资63.03亿元，其中国家投资38.05亿元，占60.37%，群众投工投劳折资10.99亿元。

自2001年以来，三北及长江流域等防护林体系建设工程累计完成人工造林827.40万公顷、飞播造林29.78万公顷、新封山育林489.21万公顷，其中，三北工程累计完成人工造林510.81万公顷、飞播造林10.79万公顷、无林地和疏林地新封山育林259.73万公顷。累计完成投资450.29亿元，其中三北工程累计完成投资206.37亿元。

5. 野生动植物保护及自然保护区建设工程

2012年，野生动植物保护及自然保护区建设工程以典型生态系统和重点生态区域的保护为重点，加大濒危物种拯救力度。截至2012年，林业系统自然保护区总数2 150处，比2011年增加24处，其中新增国家级自然保护区23处，总面积1.25亿公顷，比2011年增加2.17万公顷，约占国土总面积的13%，其中国家级自然保护区286处，面积7 713.82万公顷。这些自然保护区有效地保护着我国90%的陆地生态系统类型、85%的野生动物种群和65%的高等植物群落，涵盖了20%的原生林、50.3%的自然湿地和30%的典型荒漠地区，对维护生态平衡和生物多样性、促进可持续发展发挥了重要作用。

2012年末实有自然保护小区48 633个，总面积1 205万公顷。野生动物就地保护点688个，面积424万公顷。野生动物种源繁育单位4 137个，其中商业性野生动物驯养繁殖单位3 993个。野生植物种源培育基地976个。野生动植物保护管理站4 383个，野生动物疫源疫病监测站1 119个，野生动植物科研及监测机构626个，从事野生动植物及自然保护区建设的职工人数5.02万人，比2011年增加3 123人，其中各类专业人员1.48万人，占29.48%。野生动植物保护及保护区建设能力逐步增强。

2012年，国家林业重点工程社会经济效益监测通过对40个样本保护区监测结果显示：

野生动植物物种增加，种群规模稳步增长。2012年，有7个样本保护区在区内发现了新的野生动物物种，有6个样本保护区在区内发现了新的野生植物物种。与2011年相比，样本保护区内主要野生动物种类增加了6种，野生植物增加了9种。2012年10个样本保护区已完成野生动植物专项调查，结果表明，保护区建设有效地保护和改善了野生动植物栖息环境，促进了区内物种种类的持续增加，种群规模稳步增长。

极小种群野生动植物得到积极保护。40个样本保护区中共有27个保护区反映区内存在极小种群野生动植物159种，其中，极小种群野生动物70种，极小种群野生植物89种。通过消除或减缓物种致濒因素和不利因素，极小种群物种生境得到改善、种群数量保持稳定或增长。有7个样本保护区反映区内极小种群野生动植物得到了有效保护，有20个样本保护区尚未实现区内全部极小种群物种的有效保护。

林地面积基本保持稳定，森林质量不断提高。2012年，40个样本保护区内林地面积2 579 069.26公顷。其中，有林地面积1 222 223.85公顷，占林地总面积的47.39%，占样本保护区土地总面积的28.56%。40个样本保护区活立木蓄积量14 438.17万立方米，其中，森林蓄积量14 005.82立方米。与2011年相比，活立木蓄积量增长0.74%，森林蓄积量增长0.57%，单位面积森林蓄积量同比增加0.64立方米/公顷。

宣传教育形式多样，效果明显。2012年，40个样本保护区共接待教学、参观、旅游等人员828.21万人次，其中，旅游接待579.75万人次，占接待总人数的70.00%。与2011年相比，保护区接待教学、参观、旅游等人数增长13.18%，其中，旅游人数增长13.67%。从保护区宣教的社区公众参与情况和宣教效果看，社区群众参与度较高，宣传教育起到了一定效果。

提供就业机会，增加社区居民收入。2012年，40个样本保护区共为社会提供就业机会51 428个，比2011年下降1.23%。按就业人员从事的活动领域分，2012年，依托保护区就业人员中有26 333人从事旅游服务活动，占51.20%，旅游服务是吸纳就业的主要领域。带动社会就业人员总收入62 647.97万元，比2011年减少6.37%。

促进社区经济发展，贫困户数持续减少。2012年，69个样本村经济总收入84 284.81万元，比2011年增加16 921.17万元，增幅25.12%。年人均纯收入5 631.05元，比2011年增加651.81元，增幅13.09%。按照国家2012年农村扶贫标准年人均纯收入2 300元（2010年不变价）计，2012年，69个样本村内共有贫困户3 275户，占样本村总户数的15.21%。比2011年减少87户，占样本村户数比例下降0.71个百分点。

6. 湿地保护与恢复工程

2012年，国务院批准了《全国湿地保护工程“十二五”实施规划》，自然湿地得到有效保护，重要湿地较快恢复，流域湿地保护与利用进一步发展。实施湿地保护工程项目34个，全年共恢复湿地2万公顷，新增湿地保护面积9万公顷和85处国家湿地公园试点，确认了11处国家重要湿地，湿地公园总数达298处。截至2012年年底，我国共有国际重要湿地41处，面积371万公顷，湿地示范区面积374.12万公顷，比2011年增加25.42万公顷。据统计，2012年，我国国家湿地公园的游客数量超过2 000万人次，旅游收入50多亿元。

7. 石漠化治理工程

2012年，国家继续加大石漠化治理力度，石漠化综合治理重点县从2011年的200个扩到300个。2012年工程共完成林业建设任务31.73万公顷，其中：人工造林7.68万公顷，封山育林24.05万公顷。完成投资18亿元。截至2012年年底，工程累计完成林业建设任务79.68万公顷，其中人工造林22.11万公顷，封山育林57.57万公顷。

专栏1　林业积极应对气候变化

2012年，林业应对气候变化工作组织领导和宏观协调不断加强。研究制定了《落实德班气候大会决定　加强林业应对气候变化相关工作分工方案》，明确了林业应对气候变化的重点任务、责任单位和落实时限。

全国林业碳汇计量监测体系试点工作进展顺利。编制了试点工作方案和实施方案，召开了试点工作预备会、启动会和交流会；指导试点单位组织500多人次开展碳汇外业专项调查；组成5个检查小组，历时一个半月，对外业调查和内业测定进行实地检查；强化计量监测技术培训，培训1 000多人次。试点范围扩大到17个省（自治区，直辖市）。通过试点，在全国6个气候区72个森林类型中建立了3 125个样地，获取了10万多条基础数据，收集整理了1 215篇研究文献。在此基础上，初步建成全国森林碳汇计量监测基础数据库和参数模型库，完成了试点工作总结报告。

林业应对气候变化技术规范建设不断加强。国家林业局办公室印发了《国家林业局林业碳汇计量与监测管理办法》，明确了林业碳汇计量与监测单位的认定条件、撤销情况等；组织编制《森林经营项目碳汇计量监测方法学》，形成征求意见稿；《碳汇造林技术规定》和《造林项目碳汇计量监测方法学》列入了行业标准制修订计划。

国家应对气候变化政策制定有序推进。指导7个试点省（自治区，直辖市）林业部门参与碳排放权交易试点方案编制和制度设计；积极参与国家应对气候变化规划和国家适应气候变化总体战略编制；协调促成中国林业科学研究院和国家林业局调查规划设计院申报的2个林业项目获批，资金近400万元；配合科技部联合发布“十二五”国家应对气候变化科技发展专项规划，共同推进“十二五”气候变化国际谈判与国内减排关键支撑技术研究与应用课题的开展。

林业应对气候变化科技支撑持续加强。一是加强基础理论和应用技术研究。完成了我国森林缓解气候变化影响的实证研究，开展了典型生态系统固碳潜力和固碳过程研究，以及典型湖沼湿地生态系统服务功能评价研究。二是加强对策研究。中国森林应对气候变化的影响与林业适应对策研究取得新进展，碳汇潜力与林业发展战略、林业碳汇产权等相关研究取得阶段性成果。三是加强生态定位观测研究。2012年，新建生态站13个，已建生态站总数达113个。

机关节能减排和应对气候变化宣传进一步强化。一是组织制定了《国家林业局公共机构节能工作实施意见》，组织开展节能宣传周和绿色出行日主题实践活动。二是将林业应对气候变化纳入林业系统干部、技术人员培训重要内容；搭建了《林业应对气候变化与碳汇交易》课程在线学习平台；编写出版了中学课程教材《林业碳汇与气候变化》。三是制作播出了《森林之歌》、《大地寻梦》、《森林中国》等系列电视片，及时发布林业应对气候变化相关政策信息和工作动态。四是成功举办了第九届中国城市森林论坛，传播和研讨林业应对气候变化新理念、新思路、新举措和新经验。五是成立了碳汇基金会志愿者联盟和绿色传播中心。

专栏2 第二次石漠化监测结果

为掌握岩溶地区石漠化现状及最新变化动态，2011年国家林业局组织开展了第二次石漠化监测工作。监测范围涉及湖北、湖南、广东、广西、重庆、四川、贵州、云南8个省（自治区、直辖市）的463个县。监测工作从2011年初开始到2012年5月中旬结束，历时近一年半。共组织技术人员4 000多人参加，调查图斑231万个，建立了包括4万余个GPS特征点、近亿条信息在内的石漠化监测信息系统，掌握了2005～2011年间我国石漠化动态变化情况。

监测结果显示，截至2011年，中国石漠化土地面积为1 200.2万公顷，占监测区国土面积的11.2%，占岩溶面积的26.5%。与2005年相比，石漠化土地净减少96万公顷，减少了7.4%；年均减少1 600平方千米，缩减率为1.27%（20世纪90年代末为年均扩展1.86%、"十五"期间年均扩展1.37%）。结果表明，我国土地石漠化整体扩展的趋势得到初步遏制，由过去的持续扩展转变为净减少，岩溶地区生态状况呈良性发展态势，但局部地区仍在恶化，防治形势仍很严峻。与2005年相比，岩溶地区生态状况呈现以下几个重要变化。

一是石漠化状况普遍改善。从分省情况看，8个省（自治区、直辖市）石漠化状况全部出现逆转。从重点区域看，除云南曲靖珠江源区因连续干旱影响，石漠化年均扩展6.8%外，其他重点区域都呈好转态势。贵州毕节地区石漠化年均缩减率为1.4%，三峡库区石漠化年均缩减率为0.7%，珠江中上游河池、百色地区石漠化年均缩减率为3.5%，湘西武陵山区石漠化年均缩减率为2.4%。

二是石漠化程度明显减轻。轻度石漠化面积增加75.2万公顷，增加了21.1%；中度、重度、极重度石漠化分别减少了12.3%、25.8%和41.3%；轻度石漠化比例增加了8.5个百分点，重度和极重度石漠化的比例共下降了5.9个百分点。

三是植被状况显著改善。岩溶地区植被盖度明显好转，区域植被总盖度提高了4.4%；植被结构也有明显改善，乔木型和灌木型的比例增加2.2%，无植被类型的面积减少0.8%。

四是生态状况呈好转趋势。生态状况改善的面积为408.0万公顷，占9.0%；稳定类面积为3 901.5万公顷，占86.8%；继续退化面积为187.3万公顷，占4.2%。改善的面积比继续退化面积高4.8个百分点。

五是坡耕地的石漠化呈加剧趋势。发生在坡耕地上的石漠化土地增加了4.34万公顷，年均增加0.72万公顷，其中失去耕种条件的面积为2.86万公顷，年均以0.48万公顷的速度弃耕，坡耕地质量进一步下降。

监测结果显示，人工造林种草和植被保护对石漠化逆转发挥着主导作用，其贡献率达72%；土地压力减轻和农村能源结构调整促进的植被自然修复贡献率为18%；实施农业工程与农业技术措施的贡献率为7%；其他措施的贡献率为3%。

但是，石漠化防治当前取得的成绩是初步的、阶段性的，石漠化防治形势依然严峻。目前还有12.0万平方千米石漠化土地，基岩裸露度高，立地条件差，治理成本高；石漠化地区多是老、少、边、穷地区，现有国家扶贫重点县227个，贫困人口超过5 000万，人口密度相当于全国的1.5倍，边治理、边破坏的现象仍很突出；石漠化地区植被以灌木居多，大部分植被群落处于正向演替的初始阶段，稳定性差，稍有外来破坏因素影响就可能出现逆转。

专栏3　2012年沙尘天气状况及灾害评估

2012年春季，我国北方地区共发生10次沙尘天气过程，影响西北、华北、东北等13个省（自治区、直辖市）375个县（市），人口约1.2亿，造成的直接经济损失约8 100万元。按类型统计，强沙尘暴2次，沙尘暴4次，扬沙4次；按月份统计，3月2次，4月6次，5月2次。与往年同期相比，2012年度沙尘天气具有五个特点：一是首次沙尘天气过程出现在3月20～22日，是近10年来出现首次沙尘天气过程最晚的一年；二是2012年度共发生10次沙尘天气过程，高于2011年同期，低于近11年的均值（14.3次）；三是沙尘天气强度较2011年偏强，较近年总体偏弱；四是沙尘天气主要起源于南疆盆地、甘肃河西走廊和内蒙古西部、科尔沁沙地等地，东北西部沙尘天气偏多；五是北京遭受2次浮尘天气影响，低于2011年同期（3次），低于近11年同期均值（4.4次）。

C

P37-44

产业发展

- 林业产业总产值
- 产业结构
- 经济林、竹、油茶及花卉产业
- 木材生产及林产工业
- 森林旅游产业
- 产业基地
- 国有林区经济效益

产业发展

2012年，我国林业产业继续保持强劲发展势头，产业规模不断扩大，产业结构进一步优化，特色产业迅速崛起，林业新兴产业发展迅猛，进出口贸易保持健康增长态势，为社会提供了日益丰富的产品与服务。2012年林业产业实现了持续快速的增长，总产值达到3.95万亿元，比2011年增长28.94%。东部地区林业产业总产值的增速最高，与其他地区的差距进一步拉大。林业产业总产值排名前五位的省份全部集中在东部。林业第一产业比重持续下降，第三产业比重稳步上升，展现了新的产业结构调整趋势。在林业各产业中，涉林产业的带动作用日益加强。经济林产品的种植与采集业，木材加工及木、竹制品制造业，森林旅游业持续作为林业第一、二、三产业的主要组成部分和增长拉动点。

（一）林业产业总产值

2012年，全年实现林业产业总产值3.95万亿元（按现价计算），比2011年增加8 854亿元，增长28.94%。

分产业看，第一产业产值13 748.52亿元，占全部林业产业总产值的34.85%，同比增长24.35%；第二产业产值20 898.30亿元，占全部林业产业总产值的52.97%，同比增长25.23%；第三产业产值4 804.09亿元，占全部林业产业总产值的12.18%，同比增长68.44%。

分地区看，东部地区林业产业总产值为20 538.51 亿元，占全部林业产业总产值的52.06%；中部地区林业产业总产值为7 621.26亿元；西部地区林业产业总

图6　2003～2012年全国林业产业总产值（按现价计算）

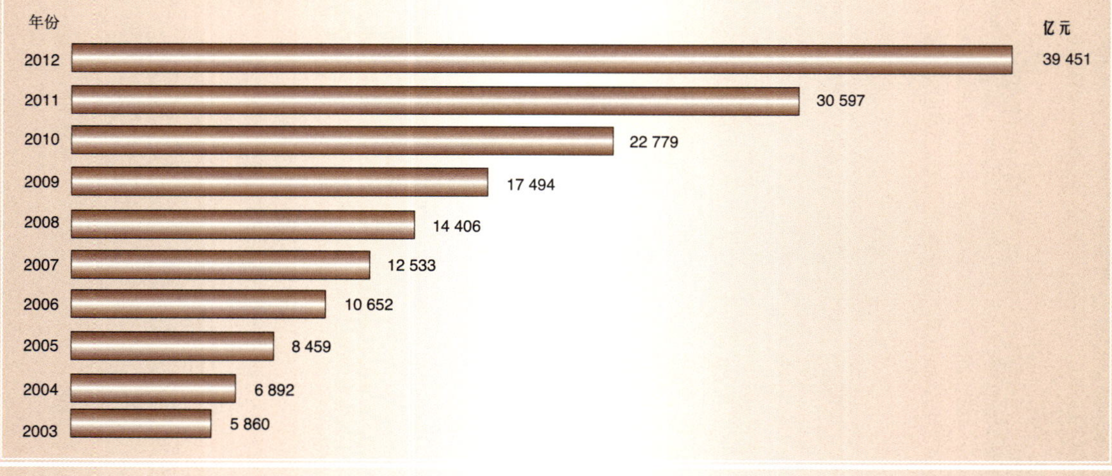

产值为7 395.70亿元；东北地区林业产业总产值为3 895.43亿元。东部地区林业产业总产值的增速最高，与其他地区的差距进一步拉大。林业产业总产值超过3 000亿元的省份共有5个，分别是广东、山东、浙江、江苏和福建。

（二）产业结构

2012年，林业三次产业的产值结构由2011年的36.14：54.54：9.32调整为34.85：52.97：12.18。第一产业比重持续下降，第三产业比重稳步上升（图7）。

经济林产品的种植与采集业产值占林业第一产业产值的一半以上　2012年，在全国林业产业总产值中，包括干鲜果品、茶、中药材以及森林食品等在内的经济林产品的种植与采集业的产值达到7 751.88亿元，比2011年增长22.66%，占林业第一产业的56.38%；其他依次是林木的培育和种植业，产值2 539.95亿元，比重为18.47%；花卉种植业的产值为1 265.21亿元，比重为9.20%；木竹材采运业产值为963.41亿元，比重为7.01%；陆生野生动物繁育与利用业产值为392.43亿元，比重为2.85%，林业生产辅助服务产值为220.78亿元，比重为1.61%。

木材加工及木、竹制品制造业为林业第二产业的主要组成部分　2012年，木材加工及木、竹制品制造业产值达到8 233.95亿元，比2011年增长21.28%，占林业第二产业的比重达到39.40%。其他主要产业按比重依次为木、竹、苇浆造纸业产值4 751.52亿元，占林业第二产业比重的22.74%；木质、竹藤家具制造业产值2 794.39亿元，比重为13.37%；非木质林产品加工制造业产值2 257.41亿元，比重为10.80%。

森林旅游业为林业第三产业的增长点　2012年，森林旅游及休闲服务业产值达到3 522.55亿元，比2011年增长89.07%，占林业第三产业的比重达到

图7　2003～2012年林业三次产业产值结构变化

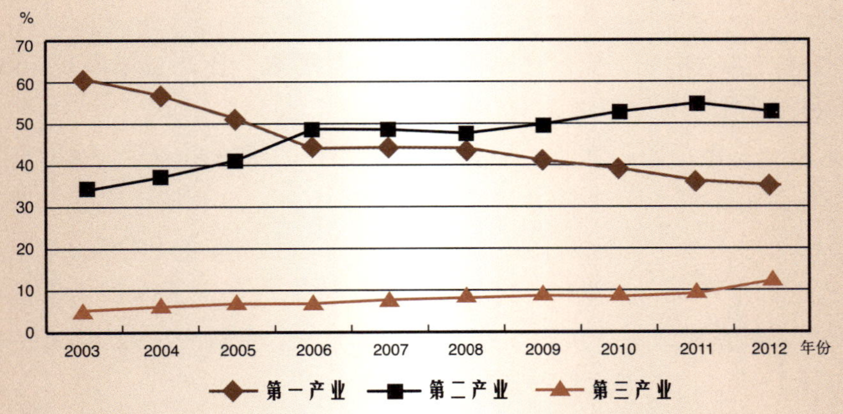

73.32%。其他主要产业按比重依次为：林业生态服务产值365.76亿元，比重为7.61%；林业公共管理服务业产值331.46亿元，比重为6.90%；林业专业技术服务产值105.63亿元，比重为2.20%。

（三）经济林、竹、油茶及花卉产业

2012年，新造经济林面积110.11万公顷，比2011年下降9.62%。各类经济林产品总量达到1.42亿吨，比2011年增长5.97%。水果产量为12 227万吨，比2011年增长6.59%，其中苹果、柑橘和梨分别为3 387万吨、2 555万吨和1 674万吨；干果产量为987万吨，比2011年增长6.47%；林产饮料产品的产量为184万吨，比2011年增长15.46%；林产调料产品的产量为58万吨，比2011年下降0.73%；林产工业原料的产量为179万吨，比2011年增长3.73%；木本油料的产量为177万吨，其中油茶籽的产量占97.82%；竹笋干、食用菌等森林食品的产量为308万吨；木本药材的产量为130万吨。

2012年，竹材产量为16.44亿根，比2011年增长6.82%，其中毛竹11.15亿根，篙竹5.29亿根。村及村以下各级组织和农民生产竹材12.87亿根，占全部竹材产量的78.28%。

2012年，油茶产业发展重点县增加100个，种植面积达到350万公顷，当年新造林面积23.59万公顷，低产林改造面积11.42万公顷。油茶籽产量为173万吨，比2011年增长16.73%。油茶产业产值达387亿元。

2012年，花卉种植面积96.91万公顷；切花切叶185亿支；盆栽植物34亿盆；观赏苗木124亿株；草坪5.24亿平方米。具有一定规模的花卉市场4 233个，花卉企业4.30万个，其中大中型花卉企业9 007个；花卉从业人员463万人，花农129万户；控温温室面积和日光温室面积分别为4 006万平方米和16 658万平方米。

（四）木材生产及林产工业

木材产量稳定　2012年，全国商品材总产量与2011年基本持平，为8 174.87万立方米。

从木材产品结构看，原木产量7 494.37万立方米，比2011年增长0.60%；薪材产量680.50万立方米，比2011年下降2.27%。

从木材生产单位看，林业系统内生产的木材为1 873.61万立方米，比2011年减少7.88%，占全部木材产量的22.92%；系统外企、事业单位采伐自营林地的木材402.07万立方米，同比增长33.28%，占全部木材产量的4.92%；乡（镇）集体企业及单位生产木材产量634.16万立方米，同比增长18.38%，占全部木材产量的7.76%；村及村以下各级组织和农民个人生产的木材5 265.03万立方米，与2011年基本持平，占全部木材产量的64.40%。

锯材产量持续增长　2012年，全部锯材产量5 568.19万立方米，比2011年

增长24.84%。

人造板产量增速放缓 2012 年，受国内房地产调控和国际社会购买力下降的双重影响，木质家具生产和建筑装饰行业受到冲击，我国人造板产量增速放缓。全年人造板总产量为22 335.79万立方米，比2011年增长 6.77%。在全部人造板产量中，胶合板10 981.17万立方米，比2011年增长11.26%，占全部人造板产量的49.16%；纤维板5 800.35万立方米，比2011年增长4.28%，占全部人造板产量的25.97%，其中中密度纤维板产量为5 022.45万立方米；刨花板产量2 349.55万立方米，比2011年下降8.20%，占全部人造板产量的10.52%；其他人造板3 204.71万立方米（细木工板占58.28%），比2011年增长9.44%，占全部人造板产量的14.35%。另外，人造板表面装饰板产量为1.92亿平方米，单板产量为3 492万立方米（图8，图9）。

从分省情况看，人造板生产主要集中在东、中部地区，山东、江苏、广西、河南、安徽、河北6个省（自治区）产量均超过1 000万立方米，6个省（自治区）人造板产量共计16 392.56万立方米，占全国人造板总产量的73.39%。

木竹地板产量首度下降 2012年，全部木竹地板产量为6.04亿平方米，比2011年下降3.94%。在木竹地板产量中，实木木地板1.25亿平方米，占全部木竹地板产量的20.75%；复合木地板3.71亿平方米，占全部木竹地板产量的61.33%；其他木地板0.59亿平方米，占全部木地板产量的9.79%；竹地板0.49亿平方米，占全部木地板产量的8.12%。木竹地板产量最大的省份是江苏省，产量达到1.44亿平方米。

木制家具产量小幅下降① 2012年，全国木制家具总产量23 897万件，比2011年下降3.64%。

木浆产量缓慢下降 2012年，纸和纸板总产量10 250万吨，比2011年增长

图8 2003～2012年人造板（三板）比重趋势

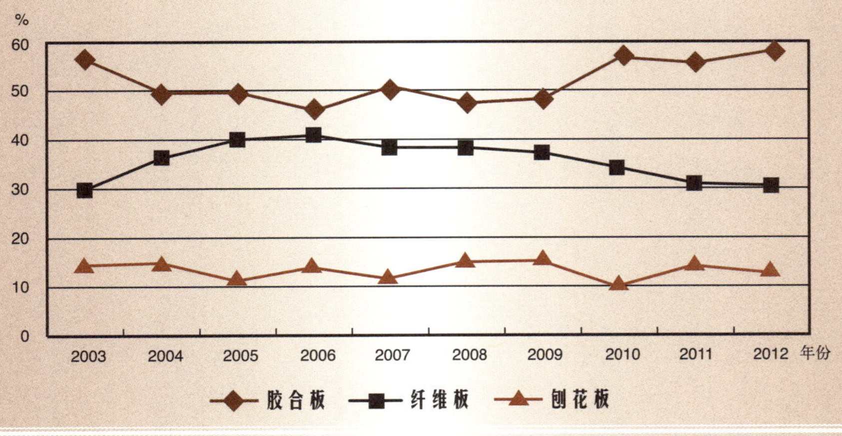

① 2011 年家具数量修正为 24 800 万件。

图9 2003～2012年全国森林工业主要产品产量

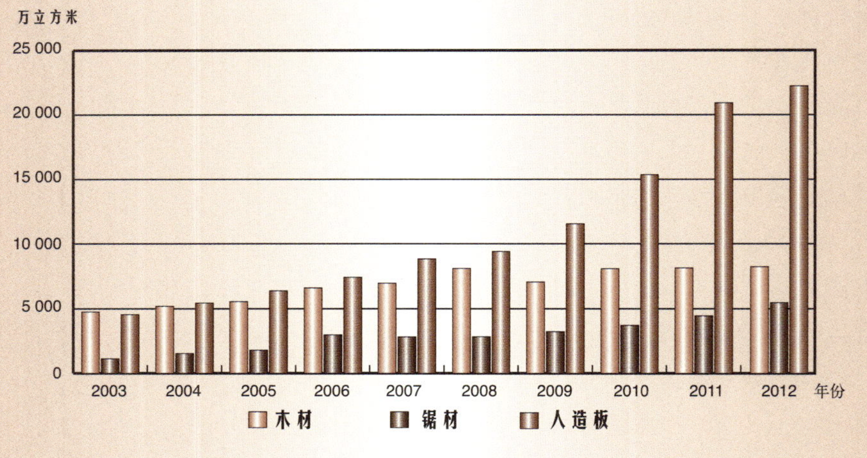

3.22%；纸浆产量7 867万吨，比2011年增长1.86%，其中木浆产量810万吨，比2011年下降1.58%。

林化产品产量出现下降 2012年，全国松香类产品产量141.00万吨，比2011年下降0.22%，其中松香产量为109.18万吨，同比下降12.91%；松节油产量15.99万吨，同比增长10.02%；栲胶产量6 926吨，同比下降24.13%；紫胶产量1 971吨，同比下降3.67%。

（五）森林旅游产业

2012年，全国森林旅游继续保持良好发展态势。已基本形成以森林公园、湿地公园、林业自然保护区为主体，以林业观光园、树木园、野生动物园、沙漠旅游区等其他类型景区为辅助的森林旅游多元化发展格局。据统计，2012年全国森林旅游共接待游客6.8亿人次，占2012年国内旅游人数（29亿人次）的23.45%。森林旅游的直接收入达618亿元，创造社会综合产值4 400亿元，占2012年国内旅游消费（22 200亿元）的19.82%。森林公园、湿地公园、林业自然保护区从事森林旅游管理和服务的人员数量超过20万人，其中导游和解说人员2.8万人。森林公园、湿地公园、林业自然保护区的接待床位总数达150万张，接待餐位总数达247万个，游步道长度超过8万千米，旅游车（船）数量超过4万台（艘）。

森林公园依然是森林旅游发展的中坚力量。森林公园接待游客量和创造的旅游产值约占全国森林旅游总规模的80%。2012年，有254处森林公园的游客量超过50万人次，其中92处超过100万人次；有121处森林公园的直接旅游收入超过5 000万元，其中66处超过1亿元。

森林旅游在带动区域经济发展、促进农民就业增收中的作用突出。以广东省为例，全省森林公园带动地方经济产值超过100亿元，带动400多个村脱贫致富，从森林公园建设和发展中受益的农村人口超过300万人，为农村人口创造就业岗位达36 518人。

（六）产业基地

速生丰产用材林基地建设 2012年，速生丰产用材林基地建设共完成各地类造林38.01万公顷，其中荒山荒地造林26.84万公顷，更新造林7.40万公顷，非林业用地造林3.77万公顷。另外完成改培面积3.28万公顷。

木材战略储备基地建设 2012年，国家启动实施了木材战略储备基地示范项目建设，安排中央资金2.28亿元，建设木材战略储备生产基地10万公顷。截至2012年年底，福建、广西、广东、湖南、云南、河南、江西7个示范项目省（自治区）全部完成建设任务。特殊林木培育项目作为木材战略储备生产基地建设的重要内容，2012年项目中央投资5 200万元，涉及河北、山西、辽宁、吉林、黑龙江、浙江、安徽、山东、湖北、海南、西藏、陕西12个省（自治区）49个林场，完成建设任务8 933公顷，其中，新造林3 933公顷，改培5 000公顷。

（七）国有林区经济效益

2012年，国有林区（包括135个木材采运企业和20个重点营林局）主要经济效益指标保持稳定。国有林区总资产贡献率1.7%，比2011年下降1个百分点；企业资本保值增值率101.7%，与2011持平；资产负债率64.2%，比2011年提高1.1个百分点；流动资产周转率0.5次，比2011年减少0.1次；成本费用利润率2.8%，比2011年下降10.8个百分点；企业全员劳动生产率20 668元/人，比2011年增加86元/人；产品销售率77.1%，比2011年下降9.8个百分点。

专栏4 辽宁省林下经济快速发展

截至2012年年底，辽宁省林下经济开发面积已达2 200万亩，全省林业总产值达到1 547亿元，5年增长近4倍。全省涉林农民人均林业收入达到3 590元，占人均总收入的39%。其中，重点山区县涉林农民的人均收入占其纯收入的68.8%。林下经济对县域经济的贡献迅速提高，对农民增收致富的作用越来越突出。为推进林下经济发展，辽宁省采取了一系列政策措施。

一是政府主导，强力推进。按照省委、省政府的统一部署，全省各级党委政府对发展林地经济工作高度重视，先后制定出台了《辽宁省林业产业发展规划纲要》、《2008～2010年全省林业产业倍增发展规划》、《辽宁省林业产业振兴发展规划》。省政府将林地经济工作纳入省政府对各市政府工作绩效考核指标体系之中，层层建立责任制和考核奖惩机制。为了保证全省林地经济工作的顺利开展，省林业厅成立林业产业处，配备得力人员负责全省林地经济开发工作。

二是政策扶持，助推发展。2008年实施产业倍增计划以来，省委省政府先后制定和出台了一系列扶持林下经济发展的政策措施。启动实施了榛子、板栗、红松、“两杏一枣”等“四个百万亩”经济林重点示范工程，以及林下参、中药材、山野菜、林蛙及速生丰产林等建设工程。省财政每年拿出5 000万元资金，通过以奖代补方式扶持“四个百万亩”经济林为重点的林下经济，每年以不少于500万元的资金培育名牌产品。省财政从2008年起对新增固定资产5 000万元以上的企业给予其固定资产投资总额3%～5%的资金奖励，一个企业最多可得到财政1 000万元的奖励资金。与此同时，省财政对规模以上龙头企业的贷款还给予贴息支持，对符合条件的省级示范社给予10万～50万元不等的资金扶持。2012年，省政府对新增资产投资额10亿元以上的农产品加工项目，给予其固定资产投资额10%的奖励。近六年来，全省各级财政用于扶持林下经济发展的资金约45亿元。

三是打造品牌，牵动发展。辽宁省坚持“一县一业”的指导方针、突出特色、发挥优势、打造品牌。目前全省已有61个县（市、区）确立了本地区的“一县一业”，10个县（市）政府确定了板栗、红松、榛子、优质核桃、山野菜、森林中药材、鹿等作为举全县之力发展的林业产业。目前，铁岭榛子、西丰梅花鹿、建昌优质核桃、丹东板栗、本溪红松仁和林下参、宽甸林蛙、开原苗木花卉等产业已发展成为享誉全国的名牌。辽宁省先后培育并完成了省级以上品牌和各种认证75项，通过一系列品牌的打造，提升了辽宁林产品的社会影响力和市场竞争力。

四是扶持龙头，带动发展。辽宁省采取积极有效措施，大力扶持和壮大龙头企业，依托龙头企业带动林下经济发展。全省彰武北方家具、台安木产业、灯塔佟二堡毛皮等十大林产品加工园区相继建成投产，带动全省林下经济开发产业向规模化、集群式方向发展。同时，在扶持和壮大龙头企业的进程中，注重推广“龙头+基地+农户”的发展模式。

五是依托科技，加快发展。为了提升林下经济产业化发展水平，辽宁省积极开展科技与产业对接，先后实施了榛子、大果杂交榛子、优质核桃、板栗、杏、枣丰产栽培技术和红松嫁接等科技服务。制定技术标准，规范林地经济发展。先后有12项技术标准通过验收并得到了推广。

D

P45-52

生态文化

- 生态文化基础设施
- 生态文化产品
- 生态文化传播
- 生态文化队伍建设

生态文化

2012年，生态文化建设成效显著。生态文化基础设施建设水平进一步提高，全国新建生态文化场馆112处，新建生态文化休憩场所251处，新建生态文化教育示范基地77处。生态文化产品创作活跃，文艺创作的题材广泛，我国第一部系统研究绿色中国建设理论与实践的学术专著《绿色中国》面世。生态文化传播范围不断扩大，腾讯、新浪、百度、搜狐、网易等门户网站不断加大生态文化传播的广度和深度，《中国绿色时报》、《中国林业》等中央林业报刊，以消息、通讯、评论、综述、专栏、专版等多种形式予以报道，为推进生态林业和民生林业发展营造舆论氛围。生态文化队伍建设取得进展，理论研究人才培养取得新成效，文艺创作人才队伍壮大，文学、戏剧、电影、电视、音乐、舞蹈、美术、摄影、书法、曲艺、杂技，以及民间文艺、群众文艺等多领域文艺工作者积极投身弘扬生态文化、倡导生态文明的文艺创作活动之中。

（一）生态文化基础设施

1. 生态文化场馆

完善生态文化场馆硬件设施，提升服务水平，积极发挥弘扬生态文化的主阵地作用。2012年，全国新建生态文化场馆112处，比2011年增长15.46%。浙江生态博物馆落成开馆，该馆立足安吉地域文化特色，采用"一个中心馆、十二个专题生态博物馆、多个村落文化展示馆"的"安吉生态博物馆群"框架结构，充分展示安吉物质文化遗产与非物质文化遗产。中心馆是全面体现生态文化大县特色，融历史人文、自然生态和科学知识为一体的综合性博物馆，"十二个专题馆"和"多个村落文化展示馆"则分布在安吉的各个乡镇，涉及茶文化、书画文化、畲民文化、蚕桑文化、军事文化、现代产业、扇文化、孝文化、尚书文化等多种具有地域特色的文化形态。贵州（湄潭）茶文化生态博物馆筹建工作正式启动。内蒙古林区首家森林防火陈列馆建成开放，展馆集教育、展示、研究于一体，分为室内和室外两个部分，室内部分拥有通讯设备、扑火工具、生活用品、瞭望巡护等类别的馆藏珍品200余件，并配有反映森林防火历史发展进程的文献和图片资料，室外部分主要陈列防火巡护车辆、运输车辆等大型展品。

2. 生态文化休憩场所

生态文化休憩场所挖掘自身潜力，建立健全各类生态文化廊道、知识标牌、宣传橱窗、户外电子屏幕等设施，切实增强生态文化传播功能。2012年，全国新建生态文化休憩场所251处，比2011年增长16.20%。江西省南康滨江生态公园开工建设，主要建设内容包括驳岸改造、滨江过道、古景恢复、滨水广场、人行栈桥、花架长廊等，为广大市民健身休闲增添了新的场所。山东省东营市开建黄河三角洲动物乐园，整个园区分为极地水生馆、昆虫科普馆、亚洲动物区、澳洲动物园等多个部分，集科普教育、观光旅游、休闲娱乐于一体。天津启动城周郊野公园群建设，不仅为改善城市整体生态环境、维护城市生态平衡发挥了积极作用，还为市民旅游踏青提供了好地方。广州首个水生植物园——广东省广州市石门国家森林公园水生植物园正式对外开放，植物园种有睡莲、美人蕉、水葱、水竹、花叶芦苇等百余种水生植物，将科学研究、物种保育、科普教育及旅游休闲功能有机融合。云南省普洱市景东亚热带植物园开工建设，植物园以收集保存亚热带樟科、壳斗科、木兰科、山茶科以及杜鹃花科等植物为主，同时收集保存野生药用植物、当地民族植物、稀有濒危植物以及其他重要经济植物。湖北省竹溪县珍稀红豆杉观光园建成开放。

3. 生态文化教育示范基地

生态文化教育示范基地立足实际，突出特色，建设的规模和质量取得新的突破。2012年，全国新建生态文化教育示范基地77处，比2011年增长14.93%。国家林业局、教育部、共青团中央命名武汉大学、福建省上杭县古田镇、辽宁省本溪关门山国家森林公园、河南省云台山国家森林公园、湖北省钟祥市大口国家森林公园、浙江省开化县中国·根艺美术博览园、湖南省五尖山国家森林公园、陕西省牛背梁国家级自然保护区、贵州省龙架山国家森林公园、福建省九龙谷国家森林公园10家单位为“国家生态文明教育基地”，使国家生态文明教育基地达到51家。中国生态文化协会授予安徽省合肥市肥西县三河镇、甘肃省兰州市南北两山绿化区“全国生态文化示范基地”荣誉称号。河南省林业厅、省教育厅、共青团河南省委授予焦作市云台山国家森林公园、济源市蟒河林场、三门峡市甘山国家森林公园、洛阳市神灵寨国家森林公园、许昌市鄢陵苗木花卉博览园、平顶山市白龟湖国家湿地公园6家单位“河南省生态文明教育基地”称号。湖北省林业厅、省教育厅、共青团湖北省委授予湖北省野生动物救护研究开发中心、湖北省九峰森林公园、武汉林业集团有限公司、随州市随县七尖峰森林公园、仙桃市赵西垸林场、鄂州市国有麻羊垴林场、潜江市森林公园、宜昌市远安县桃花岛生态文明教育基地和恩施自治州宣恩县伍家台雪落寨生态文明教育基地9家单位为“湖北省生态文明教育基地”称号。

（二）生态文化产品

1. 理论研究

围绕实现人与自然和谐发展，以发展生态林业和民生林业为重点，深入研究林业在建设生态文明和美丽中国中的独特作用，深入研究林业与国家安全、气候安全、粮食安全、经济安全、淡水安全的关系，深入研究提升森林经营水平和森林质量、森林可持续经营、森林资源资产评估、森林碳汇的计量和交易、林业生态价值计算常态化、林业贡献统计、森林生态效益补偿、林业“双增”目标年度考核、加强资源保护与科学利用等事关林业长远发展和科学发展的重大理论和现实问题，推出了一批具有指导意义的理论成果。《发挥林业主体作用 推进生态文明建设》、《都市绿色种植繁荣文化休闲产业——从文化产业发展视角认识城市生态文明建设》、《为什么是生态的而非环境的？》、《以“特”取胜，助力森林旅游持续发展——对森林公园开展生态文化建设的观察与思考》、《林业是绿色增长的重要力量》、《生态文学的特质》、《生态主题作品如何雄踞畅销书榜》、《将生态文学深化为生存文学》、《发展生态旅游是生态文明建设的重要途径》等研究文章和《生态文明论》等理论著作，针对林业改革发展和生态文化建设面临的机遇和挑战，认真总结实践经验，充分借鉴已有理论成果，广泛运用调查、比较、分析等多种方法，提出了很多具有全局性、战略性和对策性的意见和建议。我国第一部系统研究绿色中国建设理论与实践的学术专著《绿色中国》面世，该书从绿色中国建设的理论基础和战略方向、实现绿色中国战略的绿色共生型供应链模式、打造实施绿色共生模式运作体系等方面全面阐释了绿色中国建设的整体思路，为我国经济与生态的绿色共生发展提供了有益的科学依据。

2. **文艺创作**

文艺创作的题材更加广泛，体裁更加丰富，产生了以报告文学《“猛烈”的植树运动开生态修复与建设之先河——中华苏维埃时期林业的地位与贡献》、《三代人的足迹》，散文《大森林里的童年》、《想念一棵树》，诗歌《云杉树》、《绿色大坝》，歌曲《绿色的眷恋》，舞剧《孔雀》，文学评论《在破碎中体味生命的流动与自由》，晚会《绿之魂》为代表的一大批思想性、艺术性、观赏性相统一、人民喜闻乐见的优秀生态文艺作品。《大地寻梦》大型电视行动启动，行动以集体林权制度改革和三北防护林工程建设为主线，真实记录了我国林业改革发展的生动实践，全面展示了我国林业生态建设的伟大成就。话剧《大湿地》上演，该剧以大庆湿地保护为背景，围绕湿地开发与保护这一主题，通过盗猎者、开发商等群体思想观念的转变，尽显了人类对自然的尊重和敬畏。电影《完美人生》在全国上映，该片主人公以国土绿化突出贡献人物、山东省淄博市原山林场党委书记孙建博为原型，艺术地再现了他推动林场改革发展的感人事迹，讴歌了林业人艰苦创业、无私奉献的伟大精神。大型纪录片《牡丹》进入拍摄阶段，该片以洛阳牡丹为聚焦点，充分展示牡丹国色天香的魅力，深入探讨牡丹对中国文化的深远影响。大型纪录片《中国国家森林公园》开播，每集拍摄一个独立公园，突出动植物资源的稀有性、独特性，每集强化一个主题，以珍稀和特色物种的生物学、生态学特征，反映生态系统特色和规律，探究国家森林公园中未知的神秘世界。讲述云南少数民族保护森林的故事片《阿佤山》、纪念民间生态保护组织“自然之友”创立者梁从诫的同名纪录片《梁从诫》在京首映，颂扬内蒙古敖汉旗当地干部群众共同防风固沙、改善生态先进事迹的电影《绿色的梦》，以展示张家界森林公园旖旎风光、反映张家界林场发展变迁、讴歌务林人奋斗与奉献为主题的电影《梦萦张家界》，展现林区警察执法为民的电影《乡村警事》开机拍摄。

（三）生态文化传播

1. 社会媒体传播

腾讯、新浪、百度、搜狐、网易等门户网站，根据社会公众阅读特点，突出主题，丰富内容，创新形式，不断加大生态文化传播的广度和深度，不断扩大生态文化传播的覆盖面和影响力。国家林业局官方微博“@国家林业局”在新浪网正式上线并开通运营。新华网、人民网、中新网等大型网站，通过推出网络访谈、建立专题链接、开展网上调查等多种形式，深入宣传林业事业的地位和作用，广泛宣传林业建设的实践和成效。关注森林网、中国林业新闻网等专业网站，精心策划，周密组织，推出了一系列主题鲜明、内涵丰富的生态文化专题专栏。中国森林旅游网、江西林业科技网正式开通。人民日报、新华社、中央人民广播电台、中央电视台、中国网络电视台、北京日报、陕西卫视等中央和地方媒体，从公众关注点入手，围绕社会热点、难点进一步加大林业生态建设的报道力度，提升生态文化传播的有效性。据不完全统计，2012年，中央主要媒体和新闻网站刊发各类林业和生态报道15 000余篇（条），较2011年增长3.45%。

2. 林业报刊图书出版

《中国绿色时报》、《中国林业》等中央林业报刊，发挥自身优势，围绕共和国部长植树、造林绿化表彰动员大会、森林防火、全国第二次石漠化监测结果发布、我国加入湿地公约20周年、天然林保护现场会、造林补贴政策试点等重大活动和事件，深入采访，以消息、通讯、评论、综述、专栏、专版等多种形式予以报道，形成强大宣传声势，为推进生态林业和民生林业发展营造了良好舆论氛围。《新疆林业》、《云南林业》、《绿色天府》等地方林业期刊，立足当地资源，大力宣传各地出台的各项林业政策措施，大力宣传地方林业改革发展取得的积极进展和显著成效，大力宣传在推进林业发展和生态建设中涌现出来的模范人物和先进典型，为引导全社会关注支持林业生态建设发挥了积极作用。林业图书出版更加注重选题策划和资料收集，更加注重版式装帧和内容编辑，更加注重市场需求调查和社会责任担当，切实发挥了林业图书在传播生态知识、弘扬生态文化、建设生态文明中的独特作用。《中国的绿色增长——党的十六大以来中国林业的发展》正式出版，该书系统反映了党的十六大以来全国林业贯彻科学发展观的成功实践，集中体现了我国生态文明建设的重大成果，全面展示了林业改革发展取得的辉煌成就。《绿竹神气——中国一百首咏竹古诗词精选》（中英文版）出版发行，书中收录了我国上至上古先秦下至近现代的100首咏竹诗词，该书的出版必将对弘扬中华民族优秀传统文化、加强生态文明建设产生积极的影响，对促进中外文化交流互鉴发挥积极作用。国内外第一部植物学名标准化、多种语言、多种功能的大型工具书《种子植物名称》，实用昆虫学工具书《高黎贡山昆虫生态图鉴》，全彩色大型图集《中国云南地衣》出版发行。

3. 展览展会论坛

各种展览、展会、论坛与时俱进，创新形式，丰富内涵，为广泛传播生态文化、引导社会公众牢固树立人与自然和谐发展的生态文明观念发挥了重要的推动作用。中华锦绣·盛世繁荣绿色中国书画展、"为祖国大地披上美丽绿装，为科学发展提供生态保障"林业专题展览、中国野生鸟类摄影书画精品展、"家在向海"摄影作品展、红豆杉文化摄影作品展、山东省湿地鸟类生态摄影艺术展等大型展览，采用现代手段，将成果形象展示与生态知识普及有机地结合起来，促进了生态文化的有效传播。第二十七届国际茶花大会暨第八届中国茶花博览会、首届中国西部兰花博览会、第十三届中国梅花腊梅展览会、第二十二届中国兰花博览会、中国中部首届绿色家居博览会、第十四届中国国际花卉园艺展览会、第八届海峡两岸林业博览会、中国·吉林龙湾野生杜鹃花卉旅游节、第十二届中国黑龙江（伊春）国际森林生态旅游节、第七届中国竹文化节、第四届中国香榧文化节、第四届国际木文化节等大型展会，秉持活动宗旨，坚持推进事业进步与弘扬生态文化并重，实现了生态文化建设健康持续发展。第九届中国城市森林论坛、第五届中国生态文化高峰论坛、第三届全球绿色经济财富论坛、第三届中国—东盟国际木文化论坛、中国（聊城）生态文明建设国际论坛、第二届森林科学论坛、竹藤绿色经济与包容发展高层论坛、国家森林公园国际论坛、第四届北京森林论坛、浙江生态论坛、"用影像保护鸟类"高端论坛、阿拉善生态沙产业高峰论坛等大型论坛，结合会议主题，深入研讨生态文化和生态文明建设领域的热点、难点问题，广泛交流研究成果，为进一步推动生态文化建设提供理论支持。

（四）生态文化队伍建设

1. 理论研究队伍

理论研究人才培养取得新成效，一批优秀中青年专家学者成为生态文化重大课题和重点项目的领军者；理论研究机构建设取得新突破，新的生态文化学术组织不断涌现。浙江省花卉协会花文化专业委员会成立，其主要任务是加大传统花文化的挖掘整理力度，加强花文化的研究，使之进一步发扬光大，创作和推出大批内容生动健康、形式新颖多样、具有强烈吸引力和感染力的优秀花文化作品，大力普及花文化，广泛开展花文化方面的交流、展览、展示和展销活动，弘扬中国传统花文化。湖南绿色发展研究院挂牌成立，该院将整合省内外资源，组建跨院校、跨行业的综合性研究团队，重点围绕湖南绿色自然的保护与提质、绿色经济、绿色文化、绿色管理、绿色发展的国际比较等方面开展研究，着力构建服务绿色建设、支撑绿色崛起的大型跨学科、应用性、开放式、综合型研究基地和产学研平台。

2. 文艺创作和文化管理队伍

文艺创作人才队伍得到壮大，文学、戏剧、电影、电视、音乐、舞蹈、美术、摄影、书法、曲艺、杂技，以及民间文艺、群众文艺等多领域文艺工作者积极投身弘扬生态文化、倡导生态文明的文艺创作活动之中，并带动众多文艺爱好者从事生态文艺创作。部分文艺专业院团以生态为主题开展剧目创作，更多的社会力量参与组织生态影视创作、文艺演出、作品征集、展览论坛等活动。生态文化管理队伍整体素质得到提升，一大批懂业务、善管理的优秀人才充实到生态文化建设主管部门，各地根据需要相继新建一批生态文化建设管理机构。四川省生态文化促进会成立，该会旨在通过开展一系列生态文化研究、创作和宣传活动，提高人们对生态文化的认知度和关注度，全面推进四川省生态文明建设。湖北省湿地宣传教育培训中心挂牌，中心将加大湿地保护的宣传力度，加强湿地保护的研究和培训，为全面推进湖北省湿地管理工作夯实基础。

专栏 5　第九届中国城市森林论坛

由关注森林活动组委会举办，国家林业局、全国政协人口资源环境委员会、内蒙古自治区人民政府、经济日报社联合主办，呼伦贝尔市人民政府承办的第九届中国城市森林论坛于 2012 年 7 月 9～10 日在呼伦贝尔市举行。中共中央政治局委员、全国政协副主席、关注森林活动组委会主任王刚同志亲自出席论坛并作重要讲话。讲话站在党和国家工作全局的高度，充分肯定了开展关注森林活动和举办中国城市森林论坛、创建国家森林城市取得的积极成效，明确要求关注森林活动要牢牢把握科学发展这个主题和加快转变经济发展方式这条主线，进一步在经济社会发展总体布局中明确工作定位，在中央重大决策部署贯彻落实中找准努力方向，为推动经济社会又好又快发展、促进人与自然和谐共处做出更大贡献。赵树丛局长在论坛上发表重要讲话。讲话深刻阐述了发展城市森林在贯彻落实科学发展观、促进城市绿色增长、满足人民生态需求、实现林业“双增”目标的重大作用，总结了我国城市森林建设的成功做法和宝贵经验，明确提出了要在科学规划、生态优先、依靠群众、持之以恒上下工夫，加强城市森林建设，更好地推动全国城市生态建设，加快城乡绿化一体化进程。关注森林活动组委会各成员单位的主要负责同志，60 个城市的市长、专家学者、各省林业厅（局）的负责同志以及新闻媒体记者等 350 多位代表参加了论坛。论坛以“城市森林·绿色增长·美丽发展”为主题，论坛期间，内蒙古自治区呼伦贝尔市、辽宁省鞍山市、江苏省徐州市、浙江省衢州市、浙江省丽水市、河南省三门峡市、湖北省宜昌市、湖南省益阳市、广西壮族自治区柳州市、重庆市（永川区）被授予“国家森林城市”称号。

E

P53-70

改革、政策与法制

- 林业改革
- 林业政策
- 林业法制

改革、政策与法制

2012年，我国林业改革取得新的进展，林业发展的活力进一步增强。机构改革稳步推进，河北、山东、西藏、海南等省（自治区）林业局升格为林业厅，全国已有28个省份林业行政机构成为政府组成部门。集体林地确权发证工作基本完成，林权保护管理体系日益完善；部分重点国有林区开展了商品林地林权制度改革试点和林业综合配套改革；国有林场改革方案基本形成共识，落实了国家财政补助政策，出台了加强国有林场森林资源管理的意见。

2012年，国家出台了一系列林业政策，推动了生态林业和民生林业的发展。一系列林业专项规划陆续出台，林业宏观调控能力进一步加强；林业重点工程建设深入推进，工程管理进一步规范；中央财政支林力度加大，林业发展保障能力进一步增强；出台专项产业政策，产业发展支持力度进一步加大；出台一系列管理标准和办法，资源保护管理进一步加强。

2012年，林业法制建设迈出新的步伐，依法治林能力进一步提升。

（一）林业改革

2012年，我国林业改革取得了新的进展，林业发展的活力进一步增强。

1. 集体林权制度改革

2012年，各地认真贯彻落实《中共中央　国务院关于全面推进集体林权制度改革的意见》、《国务院办公厅关于加快林下经济发展的意见》和全国深化集体林权制度改革工作会议暨林下经济现场会、全国林业专业合作组织建设工作会议精神，不断加大工作力度，全面完成确权发证，着力深化配套改革，不断取得新的成效。

《国务院办公厅关于加快林下经济发展的意见》出台　2012年7月30日，国务院办公厅国办发〔2012〕42号下发了《关于加快林下经济发展的意见》（以下简称《意见》）。《意见》指出，近年来，各地区大力发展以林下种植、林下养殖、相关产品采集加工和森林景观利用等为主要内容的林下经济，取得了积极成效，对于增加农民收入、巩固集体林权制度改革和生态建设成果、加快林业产业结构调整步伐发挥了重要作用。为加快林下经济发展，《意见》要求，在保护生态环境的前提下，以市场为导向，科学合理利用森林资源，大力推进专业合作组织和市场流通体系建设，着力加强科技服务、政策扶持和监督管理，促进林下经济向集约化、规模化、标准化和产业化发展，为实现绿色增长，推动社会主义新农村建设做出更大贡献。《意见》明确，要把林下经济发展与森林资源培育、天然林保护、重点防护林体系建设、退耕还林、防沙治沙、野生动植物保护及自然保护区建设等生态建设工程紧密结合，根据当地自然条件和市场需求等情况，充分发挥农民的主体作用，尊重农民意愿，突出当地特色，合理确定林下经济发展方向和模式。《意见》强调，严格土地用途管制，依法执行林木采伐制度，严禁以发展林下经济为名擅自改变林地性质或乱砍滥伐、毁坏林木。完善林下经济产品标准和检测体系，确保产品使用和食用安全。《意见》还强调，要逐步建立政府引导，农民、企业和社会为主体的多元化投入机制。对生态脆弱区域、少数民族地区和边远地区发展林下经济，要重点予以扶持。在加大金融支持力度的同时，加快基础设施建设。据统计，2012年全国林下经济产值达3 601.24亿元，比2011年增长71.98%。其中，林下种植1 668.42亿元，林下养殖829.70亿元，森林景观利用524.29亿元，林下产品采集加工578.83亿元。参与林下经济的农户4 550.13万户。

全国深化集体林权制度改革工作会议暨林下经济现场会召开 2012年9月，全国深化集体林权制度改革工作会议暨林下经济现场会召开。会议强调，全面深化集体林权制度改革，要重点做好6个方面工作。一是落实和稳定农村林地家庭承包制度。尚未完成确权任务，或已经确权尚未发证的地方，要采取有效措施，确保确权、发证按期实现两个95%的目标；已经基本完成确权发证的地方，要适时组织开展“回头看”和检查验收工作。二是进一步规范林权流转。要坚持按照“依法、自愿、有偿”原则，正确指导林权流转，既为投资者进入林业创造必要的条件，又要保护好农民的合法权益，坚决防止“一地多转”和“炒林炒地”行为。三是着力推进林业专业合作组织建设。要积极开展农民林业专业合作组织培训，帮助农民林业专业合作组织管理人员掌握政策和经营技术，促进其健康快速发展。四是大力发展林下经济。要认真落实国务院办公厅下发的《关于加快林下经济发展的意见》，把发展林下经济作为深化林改、改善民生和改善生态的重要内容。科学制定林下经济发展规划。着力探索林业建设项目与扶持林下经济发展的有效结合方式，大力培育主导产业和龙头企业，推动林下经济规模化、集约化、标准化、品牌化、市场化发展。五是不断完善各项政策。加大林业投入力度，扶持林下经济发展、农村林业专业合作组织建设，改善林业融资服务，完善林权抵押贷款办法，加快推进森林保险工作，加强基础设施建设，不断改革采伐管理制度。六是加强组织领导。始终坚持高位推动，层层落实领导责任。完善工作机制，明确工作职责，形成强大合力。不断加强农村林业改革发展常设机构队伍建设。

全国林业专业合作组织建设工作会议召开 2012年8月，全国林业专业合作组织建设工作会议召开。会议强调，今后一个时期，林业专业合作组织建设要坚持三个原则、打造五大体系、抓好七项重点工作。坚持三个原则：即坚持家庭承包经营，尊重农民主体地位；坚持市场引导，加大政府扶持；坚持分类指导，突出重点示范。打造五大体系：即打造法律法规体系、政策扶持体系、指导管理体系、服务体系和理论研究体系。抓好七项重点工作：一是要高度重视，各地要把林业专业合作组织建设摆上重要议事日程，依法履行职责，切实加强对林业专业合作组织的指导、扶持和服务，层层落实责任。二是要争取国家有关部门的现有优惠政策，整合林业系统现有政策，向林业专业合作组织倾斜，完善林业贷款财政贴息制度，吸引信贷资金和社会资金，创造良好的融资环境。三是要从合作模式、内部运行管理、激励措施以及自律机制等方面加大立法力度，完善法律法规。四是要注重培育典型，总结推广好经验、好做法，并不断创新。五是要为林业专业合作组织积极提供多方面的服务和指导，提升林业专业合作组织的市场竞争力。六是要有针对性地加强合作组织人才培养，积极开展专题培训，提高合作组织带头人和管理人员的能力。七是要挖掘林业专业合作组织的发展典型，积极宣传发展经验，引导和鼓励各类林业专业合作组织蓬勃发展。

全国集体林权制度改革工作取得新的进展 一是确权发证工作基本完成，家庭承包经营制度基本确立。截至2012年年底，全国除上海和西藏以外的29个省（自治区、直辖市）已确权林地面积27.02亿亩，占各地纳入集体林权制度改革（以下简称林改）面积的99.05%，其中，2012年新确权林地面积2 541万亩。在已确权林地面积中，家庭承包经营18.05亿亩，占66.80%；集体经营6.21亿亩，占22.98%；其他形式经营2.76亿亩，占10.22%。全国累计发证面积26.04亿亩，占已确权林地总面积的96.37%。实施林改以来，共有8 981.25万农户领到了林权证，占涉及林改的总农户数的60.01%。另据不完全统计，在全国各级自然保护区、国有林场等国有林业单位经营的6 550.43万亩集体林地中，已确权发证5 216.38万亩，占经营面积的79.63%；其中发证到户3 400.09万亩，占经营面积的51.91%。二是深化林改的支持保护政策逐步完善。表现为：第一，生态效益补偿政策落实良好。各地落实国家级生态公益林补偿面积7.62亿亩，其中2012年新增补偿面积8 612万亩；中央财政补偿资金到位75.28亿元；地方配套资金5.64亿元。26个省（自治区、直辖市）逐步建立了地方森林生态效益补偿基金制度，补偿地方公益林3.53亿亩，补偿金额38.32亿元。纳入国家和地方补偿范围的公益林总面积达到11.15亿亩，补偿规模达到119.24亿元。第二，林权抵押贷款增长迅速。抵押面积累计5 780.49万亩，贷款金额792.31亿元，比2011年增加了49.52%，平均每亩抵押贷款1 370.66元。其中：农民抵押贷款面积2 905.06万亩，抵押贷款金额346.20亿元，比2011年增加了35.24%，农民户均抵押贷款1.78万元。第三，森林保险覆盖范围扩大。有23个省（自治区、直辖市）开展了森林保险，投保面积共计9.15亿亩，保险金额4 075.56亿元，保费10.92亿元。其中政策性补贴8.90亿元，平均每亩保险金额约445.42元，平均每亩保费1.19元，保费费率0.27%。第四，林权服务体系初步形成。全国林改工作机构基本保持稳定，还建立了经编制办公室批准的林权管理服务机构1 296个。县级及以上林权交易服务机构（包括综合服务中心中设立的交易机构，与林权管理服务机构有重叠）1 186个。全国共成立了852个资产评估机构，其中有资质的资产评估机构500个。据不完全统计，有资质的森林资源资产评估人员达3 657人。第五，集体林权流转基本规范。全国累计发生集体林地流转面积1.92亿亩，占已确权林地的7.12%。其中，通过林权交易机构流转的集体林地面积6 053.11万亩，占流转总量的31.48%。按流转方式统计，转让7 698.15万亩、入股2 104.26万亩、出租转包7 862.70万亩、其他流转1 566.17万亩。流转总金额947.27亿元，平均每亩493.37元。第六，专业合作组织稳步增长。全国共建立林业专业合作组织11.15万个，加入合作组织的农户1 356.32万户，占林改涉及农户的9.06%；合作组织经营林地面积2.38亿亩。合作组织中，林业专业合作社3.74万个，加入林业专业合作社的农户为623.27万户，林业专业合作社经营的林地面积为9 767.78万亩。三是农民增收显著。林改涉及1.50亿农户，5.68亿农村居民。据29个省（自治区、直辖市）不完全统计，2012年林改县农民人均年收入7 114.51元，其中来自林业的收入1 369.95元，比2011年增加172.10元，来自林业的收入占总收入的比重为19.26%。

2. 国有林场改革

国家林场改革方案基本形成共识，支持国有林场的财政政策已经明确。对江西、湖南等7个试点省的国有林场改革试点实施方案进行了审查和修改，并就修改后的实施方案征求了试点省意见，已基本达成一致。进一步研究了国有林场改革问题，统一了国有林场改革思路，即“明确国有林场的功能定位、理顺国有林场的管理体制、创新国有林场的经营机制、完善支持国有林场发展的政策体系”。中央财政明确了支持国有林场改革的财政政策。中央财政补助资金按照每名职工（包括在职和离退休职工）补助2万元、每亩林地补助1.15元的标准测算。全国国有林场现有职工75万人，林地面积8.7亿亩，中央财政共需安排补助资金160亿元，重点用于解决国有林场职工社会保险和分离办社会职能问题。2012年，中央财政已安排国有林场改革试点补助资金12亿元，用于支持浙江、安徽、江西、山东、湖南和甘肃6个省的国有林场改革试点。

（二）林业政策

1. 一系列林业专项规划陆续出台，林业宏观调控能力进一步加强

2012年，国家林业局联合有关单位印发了《全国极小种群野生植物拯救保护工程规划（2011～2015年）》、《全国湿地保护工程“十二五”实施规划》和《全国林业有害生物防治建设规划（2011～2020年）》，国家林业局印发了《三北防护林体系建设五期工程规划（2011～2020年）》、《全国野生动植物保护及自然保护区建设“十二五”发展规划》、《林业科学和技术“十二五”发展规划》、《全国木材（林业）检查站建设规划（2011～2015年）》、

《全国林业工作站"十二五"建设规划》、《全国林产品质量检验检测体系（2011～2020年）》等。已经批复待印发的规划有《京津风沙源治理工程二期规划（2013～2022年）》、《全国花卉产业发展规划（2011～2020年）》等规划。这些规划的制定和颁布实施，为林业发展指明了方向，为国家加强林业及其生态建设的宏观调控提供了行动指南。

2. 国家林业重点生态工程管理进一步规范，建设深入推进

天然林资源保护工程管理进一步规范 根据天然林资源保护工程二期新政策和新任务的特点，国家林业局全面梳理和修改完善各项规章制度，陆续出台了新的管理办法。一是《天然林资源保护工程档案管理办法》，对档案的组织与职责、形成和整理、分类和归档、考核与奖惩等方面做出了规定；二是《天然林资源保护工程森林管护管理办法》，规范了森林管护协议文本，明确了要把森林管护与发展林下经济结合起来，促进职工和林农增收。三是《天然林资源保护工程二期核查办法》，对核查的程序、方式、内容、核查成果汇总与管理、奖惩措施等方面做了规定；四是《天然林资源保护工程二期东北、内蒙古等重点国有林区森林培育绩效考评暂行办法》，对森林培育绩效考评依据和内容、考评程序与方法、考评结果运用等方面做出了规定。

提高巩固退耕还林成果部分项目补助标准，明确采伐政策 2012年9月，国务院第217次常务会议听取《关于巩固退耕还林成果工作情况的汇报》，充分肯定了巩固退耕还林成果取得的成效，对继续做好巩固退耕还林成果工作提出了明确要求。会议决定，自2013年起，适当提高巩固退耕还林成果部分项目的补助标准，并根据第二次土地调查结果，"十二五"时期适当安排重点生态脆弱区退耕还林任务。国家林业局办公室以《关于退耕还林采伐问题的复函》（办资字〔2012〕102号）形式，明确了退耕还林采伐的有关政策：①按照《退耕还林条例》的规定，原政策补助期满后，在不影响整体生态功能的前提下，报经有关主管部门批准，退耕还林者可以对其所有的林木申请采伐。②采伐要严格履行林木采伐审批程序，依法纳入限额采伐和凭证采伐管理。依法确定采伐林龄，因地制宜选择采伐方式，不得大面积皆伐和超强度采伐，严禁借机复耕复垦。对乱砍滥伐、复耕复垦等破坏退耕还林成果的行为，要依法打击，严肃处理。③采伐后必须及时更新造林，确保林地性质不变。采伐生态公益林，造林更新必须确保生态公益林性质不变，确保生态公益林面积不减少和区域生态功能不受影响。④采伐更新验收后，各级林业主管部门要及时调整和更新退耕还林合同和有关档案资料，确保档案数据与实地情况一致。⑤国家实施退耕还林工程，最根本的目的是恢复和增加森林植被，改善生态状况，提高生态功能，促进退耕还林地区经济社会的可持续发展。

实施京津风沙源治理二期工程 为进一步减少京津地区沙尘危害，不断提高工程区经济社会可持续发展能力，构建中国北方绿色生态屏障，2012年9月，国务院第217次常务会议讨论通过了《京津风沙源治理二期工程规划（2013～2022年）》。会议决定，在巩固一期工程建设成果基础上，实施京津风沙源治理二期工程。工程区范围由北京、天津、河北、山西、内蒙古5个省（自治区、直辖市）的75个县（旗、市、区）扩大至包括陕西在内6个省（自治区、直辖市）的138个县（旗、市、区）。

3. 中央财政支持林业发展力度加大，林业发展保障能力进一步增强

《中央财政林业补贴资金管理办法》出台 2012年12月，财政部、国家林业局联合印发《中央财政林业补贴资金管理办法》（以下简称《办法》）。《办法》所称中央财政林业补贴资金，是指中央财政预算安排的造林补贴资金、森林抚育补贴资金和林木良种补贴资金。《办法》明确了造林补贴、森林抚育补贴和林木良种补贴的对象和标准。

《办法》明确，林业补贴资金专款专用，任何部门和单位不得截留、挤占、挪用、抵扣各种债务和税金等，林业补贴资金不得用于楼堂馆所建设、汽车购置、管理机构人员经费和日常办公设备购置支出等。

《办法》的出台，标志着造林、森林抚育、林木良种等林业补贴资金由试点正式步入常态化、制度化轨道。

中央财政造林补贴试点范围进一步扩大，部分省（自治区）灌木林补助标准提高 2012年，财政部与国家林业局联合下发《关于开展2012年造林补贴试点工作的意见》（财农〔2012〕59号），明确了试点原则、范围，资金规模、补贴对象和标准、资金拨付政策以及相关工作要求。与2011年相比，中央财政造林补贴试点规模进一步扩大，试点范围扩大到全国。此外，财政部、国家林业局于2012年12月31日联合印发的《中央财政林业补贴资金管理办法》，将内蒙古、宁夏、甘肃、新疆、青海、陕西、山西等省（自治区）灌木林补助标准提高到200元/亩，其他补贴标准不变。2012年，中央财政造林补贴试点资金25.35亿元，比2011年增加19.91亿元。

森林抚育、林木良种和中央财政森林保险保费补贴范围扩大 2012年，中央财政共安排林木良种补贴试点资金4.48亿元，比2011年增加2.48亿元，其中：国家重点林木良种基地补贴1.11亿元，林木良种苗木培育补贴3.37亿元。2012年除继续对全国131处国家重点林木良种基地予以补贴外，将国家林业局公布的第二批国家重点林木良种基地中位于14个集中连片特困地区内的，以及核桃、沙生灌木类型的国家重点林木良种基地26处纳入补贴试点范围。

中央财政森林抚育补贴规模扩大。2012年，中央财政安排森林抚育补贴资金56.76亿元，比2011年增加5.46亿元，其中：天然林资源保护工程区31.55亿元，非天然林资源保护工程区25.21亿元。安排森林抚育面积5 150.18万亩，比2011年增加546.18万亩，其中天然林资源保护工程区2 629.1万亩，非天然林资源保护工程区2 521.08万亩。

中央财政森林保险保费补贴范围进一步扩大 2012年，中央财政森林保险保费补贴区域增加河北、安徽、河南、湖北、海南、重庆、贵州、陕西8个省（直辖市）。全国已有17个省（自治区、直辖市）纳入中央财政森林保险保费补贴范围。中央财政共安排保费补贴资金7.68亿元，各地实际使用补贴资金4.83亿元，比2011年增加了1.95亿元。

国家级公益林全部纳入中央财政补偿补助政策 根据《国家级公益林区划界定办法》，经国家林业局和财政部审核认定，全国国家级公益林面积18.67亿亩，除天然林资源保护工程区4.82亿亩国家级公益林已纳入天然林资源保护工程国有林管护费外，其余13.85亿亩国家级公益林全部纳入了中央财政森林生态效益补偿范围。2012年，中央财政共安排森林生态效益补偿基金109.26亿元，比2011年增加12.47亿元。

天然林资源保护工程一次性安置职工社会保险补助政策 2012年11月，国家林业局、财政部、人力资源和社会保障部联合下发了《关于切实做好天然林资源保护工程一次性安置职工社会保险补贴政策落实工作的通知》，国家对天然林资源保护工程安置职工基本养老保险和基本医疗保险缴费给予一次性补贴。

补贴范围。中央财政补贴范围为截至2011年12月31日尚未达到法定退休年龄的天然林资源保护工程安置职工。对在2011年12月31日之前已达到法定退休年龄但因“断保”不能按月领取养老金，以及不能按规定享受退休人员基本医疗保险待遇的，其社会保险补贴资金由各省级人民政府统筹解决。

补贴标准。从安置职工被安置之日起，以各省上年度在岗职工平均工资的60%为基数，基本养老保险和基本医疗保险缴费比例分别为20%、6%，逐年计算确定安置职工个人应缴纳社会保险费，各级财政按2/3给予补贴，其余1/3部分由安置职工个人按规定足额缴纳。中央财政以各省截至2011年12月31日尚未达到法定退休年龄的安置职工人数、2009年各省在岗职工平均工资的60%为基数核定补贴总额，并按补贴总额的50%给予补助。

补贴安排。基本养老保险：从1997年国家建立统一的基本养老保险制度到2011年12月31日，中央财政对安置职工在被安置之后基本养老保险缴费予以补贴，对2003～2006年安置职工分别补贴8年、7年、6年、5年；基本医疗保险：比照基本养老补贴政策测算基本医疗保险缴费补贴资金。

补贴方式。中央财政补贴采取核定总额一次性补助，由各省包干使用的方式，各省可根据实际情况统筹安排用于安置职工社保缴费补贴。

中央财政安排天然林资源保护工程一次性安置职工社会保险补贴资金50.57亿元，支持各省解决天然林资源保护工程安置职工生活困难和社会保障问题。

4. 出台专项产业政策，产业发展支持力度进一步加大

林木种苗产业发展政策 2012年12月，国务院办公厅印发了《关于加强林木种苗工作的意见》。该意见明确了加强林木种苗工作的四项政策措施：一是完善林木良种补贴政策。在现有林木良种补贴试点的基础上，合理确定补贴标准，扩大补贴范围，逐步完善国家、省级林木良种补贴制度，鼓励建立市、县级林木良种补贴制度。二是建立林木种子贮备制度。制定林木种子贮备管理办法，加强种子收购、检验、储存、更新及管理。建立国家主要造林树种种子贮备库。省级林业主管部门根据林木种子结实丰歉规律及造林绿化任务，开展相应的林木种子贮备。支持企业建立专门的林木种子贮备库。三是加大资金投入。各级财政要建立对种质资源调查及收集保存、良种选育、林木种子贮备等长期稳定的投资渠道。地方政府要将属于公共服务范围的种苗管理工作经费纳入同级财政预算。加大对重点良种基地、保障性苗圃、种质资源库、种子贮备库的基本建设投入，加强种苗管理机构能力建设。探索多元化的投入机制，引导金融机构和各类社会资金参与林木种苗产业发展。四是完善种苗产业发展优惠政策。研究完善相关税收支持政策，引导各类社会主体参与种苗生产与经营，加大对种苗产业的政策扶持。研究开展种苗生产保险试点，提高种苗生产抗风险能力。继续免征林木种子种源进口环节增值税。

木本油料产业发展政策 2012年3月，财政部下发了《关于2012年整合和统筹资金支持木本油料产业发展的意见》，中央财政决定加大力度，继续整合和统筹资金支持木本油料产业发展。该意见明确，在分配林木良种补贴资金、造林补贴资金、林业科技推广示范资金、林业贷款中央财政贴息资金、农业综合开发资金、国家水土保持重点建设工程补助专项资金时，明确37.9亿元用于扶持以油茶为主的木本油料产业发展。引导、鼓励地方整合和统筹安排现代农业生产发展资金、财政专项扶贫资金、巩固退耕还林成果专项资金、农业保险保费补贴资金，支持木本油料产业发展。地方各级财政部门，要根据木本油料产业发展需求、财力状况等因素，积极整合和统筹本地区财政安排的相关资金，进一步扩大整合和统筹资金的规模。据统计，2012年全国投入油茶产业的资金达到68亿元，其中，各级政府投入资金26亿元，企业投入22亿元，造林大户和林农投入20亿元。

《灌木能源林培育利用指南》和《无患子原料林可持续培育指南》发布 2012年5月，国家林业局颁发了《灌木能源林培育利用指南》和《无患子原料林可持续培育指南》。《灌木能源林培育利用指南》对灌木能源林的苗木培育、造林地和树种选择、整地、造林、经营管理、收获、更新与利用做出了具体的规定。《无患子原料林可持续培育指南》对无患子原料林的前期准备、苗木生产、造林、经营管理和保护做出了具体规定。这两项指南的发布旨在规范灌木能源林和无患子原料林的培育利用活动，对促进相关资源培育和产业发展起到了引导和规范的作用。

5. 出台了一系列管理办法和标准，资源保护管理进一步加强

林地确权登记发证管理政策　2012年3月，国家林业局下发了《关于进一步加强林地确权登记发证工作的通知》，对林地确权登记发证工作提出了明确要求。一是依法行政，严格执行林权登记发证制度。依据《森林法》等有关规定，由县级以上地方人民政府和国务院林业主管部门对林地、林木进行登记造册，颁发确认林地、林木所有权或者使用权的法律证书。对已经县级以上人民政府规划为林地的应当核发林权证，不得核发其他证书。二是强化管理，确保巩固集体林权制度改革成果。对林地占用征收审核审批、林木采伐管理、林地流转监管、林权抵押贷款办理、森林保险投保等各个管理环节必须以林权证为凭证，以确保林地权属清楚，林农合法权益不受侵害。

国家级公益林区划落界政策　2012年10月，国家林业局下发了《关于进一步做好国家级公益林区划落界工作的通知》。该通知明确，要以林资发〔2012〕183号文件公布的审核结果为控制数，认真做好国家级公益林区划落界工作。严格执行《国家级公益林区划界定办法》（林资发〔2009〕214号）规定的区划范围标准，不得超标准区划；要保持国家级公益林区划的延续性，不得擅自调整2004年国家级公益林区划范围；对于已占用征收的国家级公益林地，要在区划落界中进行核减，不得擅自补充、搞“占补平衡”。对于集体林权制度改革过程中已确权到户的国家级公益林，林权权利人要求调出的，区划落界中应当按照林资发〔2009〕214号文件规定的程序一并调出，调出的面积和范围应当单独说明。

国有林场森林资源保护管理政策　2012年10月，国家林业局下发了《关于加强国有林场森林资源管理　保障国有林场改革顺利进行的意见》。该意见明确提出，一是建立国家所有、省级管理、林场保护与经营的国有林场森林资源管理体制。二是从严管理国有林场林地。严禁擅自通过调整国有林场隶属关系、撤销国有林场建制等方式减少国有林场林地面积或者改变国有林场林地用途。不得以行政区划调整、建立自然保护区等为由，改变国有林场林地使用权和森林资源经营管理权归属。严格控制建设项目占用国有林场林地，涉及占用国有林场林地的建设项目，国有林场管理机构应当参与项目立项的可行性评估工作。三是加强林木采伐管理。严禁超限额采伐森林和林木，国有林场的采伐限额依据依法批准的森林经营方案确定的合理年采伐量确定。四是严禁国有林场森林资源流转。在国家未出台国有森林、林木和林地使用权流转的具体办法之前不得审批流转国有林场森林资源，在国有林场改革期间，不得以筹集改革资金等为借口以国有林场森林资源对外作价入股、合资合作、租赁、抵押、担保和转让。五是做好国有林场林权证的核发工作。目前尚未取得林权证的国有林场，应尽快依法向省级林业主管部门申请国有林地使用权登记，由省级人民政府核准后颁发林权证。对集体土地确权登记发证中涉及国有林场的国有林地，或者与集体有争议的林地，国有林场要及时依法提出异议。对存在重复发证的，国有林场要依法通过提请行政复议或者行政诉讼解决。六是建立健全国有林场森林资源动态监测体系，掌握森林资源发展变化情况。七是强化对国有林场森林资源的监管，要加快完善国有林场森林资源管理政策法规体系，制定国有林场森林资源管理考核办法，把森林资源数量消长、质量变化和保护管理情况等作为考核国有林场的重要内容和国有林场改革验收的重要指标。

森林经营管理标准　2012年2月，国家林业局发布了《森林经营方案编制与实施规范》，该规范规定了森林经营方案编制与实施的目的与原则、单位类型，以及编案程序、内容、深度、方法、成果和方案实施等技术要求，适用于全国范围森林经营方案的编制与实施。

2012年2月，国家林业局发布了《简明森林经营方案编制技术规程》，该规程规定了简明森林经营方案编制的依据、任务、程序、内容、成果等技术性要求。该规程适用于小型森林经营主体，包括集体、非公有森林经营单位，以及个体林主等编制森林经营方案。

以上规范与规程的发布实施，对于进一步推进我国森林经营方案制度的建立，加强森林经营方案制度在采伐管理中的作用，以及推进森林可持续经营有着重要的意义。

林业有害生物灾害管理　2012年2月，国家林业局印发了修订后《主要林业有害生物成灾标准》。该标准分别对松材线虫病、美国白蛾、鼠（兔）、薇甘菊和检疫性有害生物及非检疫性有害生物成灾指标做出了具体规定，并对相关指标做出了界定和说明。

2012年10月，国家林业局办公室印发了《国家森林病虫害预测预报补助项目资金管理办法(试行)》，该管理办法对林业有害生物监测预报工作的中央财政专项经费的使用原则、使用范围、支出内容、项目申报、资金管理等做出了具体规定。

林业碳汇计量与监测管理　2012年11月，国家林业局办公室印发了《国家林业局林业碳汇计量与监测管理办法》。该办法明确了林业碳汇计量与监测单位的认定条件、撤销情况等。该管理办法的修订出台，进一步规范了林业碳汇计量与监测活动。

（三）林业法制

2012年，我国林业法制建设不断加强，法律体系进一步完善，行政执法力度得到强化，林业普法宣传不断深入。

1. 林业立法

《森林法》修改进程进一步加快　2012年2月召开《森林法（修改草案）》

(草稿)座谈北方片和南方片会。根据座谈会的意见，进一步修改完善《森林法（修改草案）》，同步草拟《森林法实施条例（修改草稿）》，在多次征求意见并专门协调的基础上，列出了需要增加、修改的条目，为下一步修改完善草案打下了基础。

《湿地保护条例（草案）》修改完善 做好《湿地保护条例（草案）》协调工作。根据征求的意见情况，分别与国土资源部、农业部、水利部、住房和城乡建设部、国家海洋局等部门进行沟通，就意见是否采纳说明情况及理由，并在此基础上修改完善。2012年5月和9月，向国务院法制办汇报湿地立法中存在的问题，法制办提出了下一步修改意见。

部门规章立法工作稳步推进 完成了《集体林权制度改革档案管理办法》、《林地林木权属登记管理办法》、《陆生野生动物疫源疫病监测防控管理办法》、《国家林业局委托实施野生动植物行政许可事项办法》、《湿地保护管理规定》、《中华人民共和国植物新品种保护名录（林业部分）（第五批）》等规章的起草、修改和立法审查工作。

规范性文件清理工作完成 2012年，完成了国家林业局规范性文件清理工作。根据工作计划，先后两次组织有关人员集中进行清理，形成了国家林业局规范性文件清理结果，并以国家林业局2012年第9号公告的形式发布了国家林业局规范性文件清理结果。以国家林业局名义发布的规范性文件中，确定继续有效的规范性文件194件，失效或废止的规范性文件107件。同时，结合本次规范性文件清理工作，制定实施了《国家林业局规范性文件制定和管理办法》，加强了文件制定的规范和管理，完善了规范性文件合法性审查制度。

积极应对和配合相关立法工作 一是做好《自然遗产保护法》有关工作。对国务院办公厅征求意见的《自然遗产保护法（草案）》提出不同意制定该法的意见，多次就该法制定的必要性问题向全国人大常委会、全国人大法工委和国务院法制办汇报，提出国家林业局的明确意见。积极与国土资源部、农业部、水利部、环境保护部、国家海洋局、住房和城乡建设部等部门交流意见。二是配合全国人大农委完成了《中华人民共和国农业技术推广法》修改工作，该法修正案已经2012年8月31日第十一届全国人民代表大会常务委员会第二十八次会议审议通过；三是对与林业密切相关的《环境保护法》、《旅游法》、《农业保险条例》等予以重点研究，切实落实林业职责。

2. 林业执法及执法监督

全国林业行政案件有所下降 2012年，全国共发生林业行政案件27.44万起，案件涉及林地9 703.99公顷，林木蓄积77.55万立方米，野生动物67.27万只。与2011年相比，案件发生总量减少1.23万起，下降4.29%。全国林业行政案件呈现案件发生总量持续下降，非法收购、运输木材案件占比首次低于50%，高额利润和供求矛盾促使案件频发，西部地区案件发生总量有所上升，政府行为林业行政案件明显增加的特点。在发生的案件中，非法收购、运输木材案12.55万起，滥伐林木案3.84万起，盗伐林木案2.08万起，违法占用征收林地案1.92万起，非法经营、加工木材案1.19万起，毁坏林木、苗木案0.81万起，违反森林植物检疫规定案0.34万起，非法收购、出售、运输野生动物及其产品案0.17万起，非法猎捕野生动物案0.13万起，违反林木种苗管理规定案0.05万起，非法驯养、繁殖野生动物案0.02万起，其他案件4.34万起。从案件查处收缴情况看，2012年，全国共查处林业行政案件27.19万起，查处率99.09%。全国共收回林地2 416.75公顷，没收苗木1.07亿株、木材43.92万立方米、种子1.11万千克，没收野生动物38.1万只，挽回经济损失14.57亿元；责令补种树木1 257.95万株，行政处罚人数28.95万人次。

重大森林资源案件督办力度加大　2012年，根据国务院领导等批示精神，国家林业局发函责成省级林业主管部门和派驻森林资源监督机构查处督办破坏森林资源案件46起。派遣工作组赴现地督办了湖北省利川市非法占用林地案、内蒙古翁牛特旗毁林案、黑龙江省清河林业局违规移植树木案、浙江省开化县违法处理非法运输木材案、四川油建公司非法占用林地案、陕西省澄城县以土地整理名义毁坏林地案、内蒙古敖汉旗破坏森林资源案、安徽省休宁县毁林案等重点案件，引起了当地党委政府的高度重视，纷纷采取有力措施，认真查处违法违规案件，取得了良好的督办成效。

林木种苗执法工作得到加强　2012年，国家林业局严厉打击制售假冒伪劣林木种苗违法犯罪行为，涉及制售假冒伪劣种苗、无证无签生产经营种苗等方面立案案件和办结案件213件，涉案金额440余万。其中，移送司法机关2件，涉案金额36万元；制定了《国家林业局打击制售假劣林木种苗和保护植物新品种权以及软件正版化工作实施方案》，成立了国家林业局打击侵犯知识产权和制售假冒伪劣商品工作领导小组；召开了全国打击制售假冒伪劣林木种苗工作电视电话会议，总结了2010年以来打假工作的成效和做法，分析了当前面临的形势，全面部署了下一步工作；继续开展全国林木种苗质量监督抽查，对河北、安徽、河南、广东、广西、云南和青海7个省（自治区）的林木种苗质量抽查工作，重点抽查林业重点工程造林使用的种苗质量，同时，部署其他省区开展自查工作，抽查结果显示，林木种子样品和苗木苗批合格率分别为90.1%和94.7%，较2011年各提高了1.7个百分点。

森林公安执法效果显著　2012年，全国森林公安机关共查处行政案件223 085起，处罚违法人员386 938人次，收缴林木树木和木材748 243立方米、野生动物473 213头（只），涉案金额12.5亿元；共立案刑事案件29 441起，其中重特大案件2 718起，破获刑事案件24 770起，其中重特大案件2 051起，打击处理违法犯罪人员28 296人，收缴林木892 248立方米、野生动物546 174头

（只），涉案金额达17.1亿元。与2011年相比，刑事案件立案与破获数量分别上升13.23%和17.95%。

执法专项行动成效突出 一是开展“打击野生动物及其制品网络犯罪和非法贸易专项行动”。行动期间，共出动森林公安民警和其他执法人员近10万人次，清查整治古玩城、花鸟市场等重点场所5 962处，网站和论坛520个，清理取缔摊点店面等7 155个、非法网店628家，清理屏蔽网上违法信息1 607条；查获破坏野生动物资源案件700余起，打击处理违法人员1 000余名，打掉犯罪团伙13个，收缴野生动物13万多头（只）、制品近2 000件、皮张147张，有力打击和遏制了线上和线下野生动物及其制品非法贸易活动，斩断了国内收藏、拍卖、宠物行业中的不法利益链条，国内外社会对行动给予高度赞誉，我国因此获颁全球第12份《CITES秘书长表彰证书》。二是开展“打击破坏野生动物资源违法犯罪专项行动”，共出动警力302 595人次、车辆234 072台次，查办野生动物案件4 821起，打击处理违法犯罪人员2 809人，收缴野生动物276 100头（只）、制品9 546件、皮张4 597张，全部涉案价值达3 423.3万元。三是开展“绿盾2012”全国林业植物检疫执法检查行动”，在各省自查基础上，国家林业局组织了6个督察组对河北等18个松材线虫病、美国白蛾防控重点省区的防控目标责任制落实、松木和松材线虫病疫木管理、国内林木种苗等生产经营活动的管理、国外引进林木种苗、花卉及繁殖材料管理等情况进行了督查，有效打击了违法行为，提高了林业植物检疫地位，初步遏制了林业有害生物传播扩散势头。据统计，全国共组织不同层次、不同规模执法检查行动2.58万次，出动执法人员16.71万人次，与相关部门联合检查9 587次，开展区域联合检查2 642次。查处案件4 336起，涉案竹、木材6.13万立方米，木质包装箱、线缆盘2.05万个，种苗、花卉880.3万株，涉案金额1.02亿元，处罚金额662.4万元。四是按照国务院统一部署，开展“打击侵犯品种权行动”，下发了《国家林业局关于严厉打击侵犯植物新品种权行为的通知》，通知要求，各地要建立健全植物新品种权行政执法体系，开展本地区林业植物新品种权侵权情况摸底调查，并在调查基础上开展打击行动。

贯彻实施行政许可法 2012年，国家林业局严格贯彻落实行政许可法，共办理林业行政许可事项160 883件。其中，准予许可156 142件，不准予许可4 741件。按照国务院审改办关于核对第一批拟公布林业行政许可项目目录的要求，上报了建议保留的国家林业局行政许可项目和法律、行政法规、国务院决定设立由省级以下林业主管部门实施的行政许可项目。继续推进了行政许可公告修改工作，进一步明确和简化了申请人需要提交的材料及申报程序，规范了行政许可行为。

推进行政审批制度改革 2012年，按照国务院审改办的统一部署，对林业行政审批项目进行了清理、核对，提出了取消和调整审批项目的建议。2012年

9月，国务院发布了《关于第六批取消和调整行政审批项目的决定》（国发〔2012〕52号），取消和调整林业行政审批项目8项，其中，取消7项，调整1项。取消的项目是：除东北、内蒙古重点国有林区外的地区木材生产限额年度计划审批、特殊情况临时增加森林采伐限额和木材生产计划审批、处理非正常来源的国家重点保护陆生野生动物及其产品审批、三北防护林体系建设四期工程省级规划审批、天然林资源保护工程省级实施方案审批、国家级森林公园合并审批、外国人来我国从事非国家重点保护陆生野生动物狩猎、采集标本等活动审批；下放管理层级的1项是猎捕非国家重点保护陆生野生动物狩猎证核发，审批权限由县级以上地方人民政府林业部门或其授权的单位下放到县级人民政府林业部门或其授权的单位。

做好行政复议及应诉工作 2012年，国家林业局共依法收办行政复议案23件。所有收办案件全部办结。其中，不予受理1件，做出维持决定4件，采用协调方式处理12件，行政复议申请人主动撤回申请6件；完成了有关行政诉讼案件材料的起草上报工作。按照北京市第二中级人民法院的要求，就黑龙江和四川行政诉讼案件，认真准备了有关案件背景情况的书面材料。

新修订的林业行政处罚文书格式发布施行 结合《国务院关于加强法治政府建设的意见》（国发〔2010〕33号和《行政强制法》的有关要求，对国家林业局2000年发布的林业行政处罚文书做了全面的修改完善。经过充分研究和调研，在吸收各省级林业主管部门及国家林业局各有关单位意见的基础上，完成了林业行政处罚文书格式修改工作。2012年11月，国家林业局下发了《关于发布新修订的林业行政处罚文书格式的通知》（林策发〔2012〕288号）。该通知明确，修订后的处罚文书格式自发布之日起施行。

3. 林业普法

制定印发法制宣传教育要点指导行业普法 2012年是全面实施“六五”普法规划的关键一年，也是实施“十二五”规划的重要一年。为全力推进依法治林，深入开展法制宣传教育工作，国家林业局根据全国普及法律常识办公室《关于印发〈2012年全国普法依法治理工作要点〉的通知》（普法办）〔2012〕1号）要求，结合林业系统“六五”普法规划总体部署和年度重点工作安排，制定并印发了《2012年林业系统法制宣传教育工作要点》，明确了林业系统普法工作的指导思想和工作要点。

举办林业普法骨干培训班 按照“六五”普法规划中“开展法制宣传教育工作者学习培训活动，提高专职法制宣传教育工作者的业务能力”的要求，2012年5月，举办了全国林业普法骨干培训班，各省级林业主管部门60余名普法骨干参加了培训。培训期间，对刑事诉讼法修正案、林业行政处罚文书格式及执法案例进行了讲解和评析，并交流了各省普法工作的经验。

组织年度普法考试 在“12·4”全国法制宣传日期间，结合林业行业特点，继续将“12·4”法制宣传日活动与林业系统年度普法考试结合起来。通过普法考试，切实推进了广大林业干部职工学法，促进了“六五”普法工作的深入开展。

专栏6 林权抵押贷款助推云南林业改革发展

全省集体林权制度主体改革已基本完成，各项配套改革正在深入推进。全省应确权集体林地面积2.73亿亩，已确权2.70亿亩，确权率98.9%，均山到户率92.4%；发放林权证573万本，股权证210.50万本，均利证110万本，发证面积2.68亿亩；排查纠纷16.68万起，已调处16.48万起，调处率98.8%。

截至2011年，云南省16个州（市）的96个县（市、区）都开办了林权抵押贷款业务，贷款余额达74.11亿元，同比增长25.61亿元，增幅达52.8%，位居全国第一。其中普洱、西双版纳、保山的林权抵押贷款相对活跃，贷款余额都超过10亿元（普洱18.67亿元，西双版纳11.83亿元，保山10.71亿元）。全省林权抵押贷款涉及10 287户农户和328家企业，分别比2010年增加3 031户和74家。贷款金融机构从2010年的农业银行、农业发展银行、国家开发银行、农村信用社、建设银行和中国银行6家，增加到涉及政策性银行、国有商业银行、股份制商业银行、地方法人金融机构等四大类12家金融机构。其中农村信用社、农业银行、农业发展银行三家涉农金融机构林权抵押贷款余额占全省的87.9%，在发放林权抵押贷款中“唱主角”。

云南省林权抵押贷款工作之所以走在全国前列，贷款余额居全国之首，其原因概括起来主要有以下几方面：

一是政府重视。云南省对林权抵押贷款非常重视，以省委、省政府的名义制定下发了《中共云南省委办公厅　云南省人民政府办公厅关于进一步加大集体林权制度主体改革力度和稳步推进配套改革的意见》、《云南省人民政府关于改革金融服务支持林业发展和集体林权制度改革的实施意见》、《云南省人民政府关于推进林农专业合作社发展的意见》、《云南省人民政府办公厅关于印发加快推进林权抵押贷款工作意见的通知》等一系列文件，对促进云南省林权抵押贷款快速发展起到了关键作用。

二是建立制度。集体林权制度改革以来，云南省先后制定出台了《省农信社、省林业厅关于农户林权抵押小额贷款业务指导意见的通知》、《云南省银行业林权抵押贷款管理暂行办法》、《关于加快推进林权抵押贷款发展的意见》、《云南省森林资源资产评估管理暂行办法》等文件，以制度规范了林权抵押贷款开展。

三是发挥合力。云南省各有关部门在林权抵押贷款工作中紧密配合，协调推进。建立了由省林业厅和人民银行昆明中心支行牵头，林业、财政、金融、银行业金融机构和相关部门组成的“云南省林业金融服务联席会议制度”。省林业厅和银监局联合制定下发了涉及林权评估、登记、他项权利证明等表格文书，并编发了《云南省林权抵押贷款简明实用手册100问》。此外，2011年，省林业厅、金融办、人民银行、财政厅、银监局、保监局还联合代省政府起草下发了《加快推进林权抵押贷款工作意见》；2012年人民银行、林业厅、金融办、银监局、保监局联合下发了《关于进一步做好2012年林权抵押贷款工作的通知》。

四是创新推动。对能带动农户发展的涉林小企业创建了“公司+基地+农户”的抵押方式，对林产品公司采取“公司+基地”的方式抵押，即抵押物为机器设备、房屋等固定资产和林权。推出了多样化的林权抵押担保模式，不断拓宽抵押担保范围。提出了森林资源资产评估“量价分离”的方式。

五是完善服务。截至2011年年末，全省16个州（市）中，有15个州（市）共建立117个林权流转服务中心，成立森林资源资产评估机构67家，先后流转林地近800万亩，金额达24亿元。此外，云南省林业厅已开发出林权抵押贷款管理、交易、服务三个系统，目前正在部分市县试点，待运行成熟后在全省推广。

六是政策优惠。简化林权抵押贷款手续，提高审批效率；放宽贷款用途，贷款不仅用于林木种植、加工等林业生产流通环节，还可用于生活、消费等领域；结合借款用途、林业生产周期、林地类型、经营性质等情况，合理设定贷款额度和期限。

云南省林权抵押贷款对深化改革和促进林业发展起到了巨大的推进作用，林业发展、林农增收成效显著。

一是产业快速发展。云南省林权抵押贷款促进森林资源优势迅速转化为经济优势，带动并培育了一大批有市场竞争优势、产业关联度大的企业和品牌产品，提高了林业产业化经营水平。橡胶是西双版纳的传统产业，西双版纳在开展橡胶林权抵押贷款时，对1 000万元（含1 000万元）以下橡胶林权抵押贷款项目实行银行内部评估，景洪、勐海、勐腊三县（市）500万元（含500万元）以下橡胶林权抵押贷款项目实行银行业金融机构内部评估。通过支持橡胶种植、加工、销售和林权市场建立，使橡胶产业迅速发展，效益明显。

二是林农增收显著。云南省林权抵押贷款推动林业产业发展，吸纳了大量农村劳动力，带动了广大林农增收致富。保山市腾冲县信用社向箐口村集体林场贷款400万元用于林业开发种植，全村依靠林业实现人均年收入 2 500 多元，占全年收入的 50% 以上。德宏后谷咖啡有限公司在银行的支持下迅速发展，带动农户 4 万余户、20 万人从事咖啡种植，亩均纯收入 1 000～1 300 元，有效带动了农户增收致富。

三是农村金融盘活。云南省林权抵押贷款的开展，拓宽了林农和林业企业的融资渠道，使林区"资源变资本"，在一定程度上改变了林区长期以来"资源丰富，经济落后"的面貌，拓展了金融机构贷款使用途径。此外，林权抵押贷款不良贷款率低，提高了金融机构的信贷资产质量和经营效益。从而盘活了整个农村金融体系。

F

P71-80

林业投资

- 资金来源
- 资金使用
- 林业固定资产投资
- 林业建设资金管理

林业投资

2012年，全国林业建设资金投入规模再创新高，中央财政补贴普惠制进程明显加快，林区基础设施建设投资规模保持较高水平，为加快生态文明和美丽中国建设提供了不竭动力。全年林业投资有以下三个特点：一是中央林业资金在中央财政支出中所占比重上升了1.11个百分点；二是林业投资主要用于公益林建设和产业发展，两项合计占当年完成投资的72.55%。

（一）资金来源

我国林业建设资金主要来源包括：国家预算资金、国内贷款、利用外资、自筹资金、债券及其他资金来源。2012年，全国实际到位林业建设资金合计3 366.44亿元，与2011年相比增长了22.66%。其中，本年度到位林业建设资金3 300.92亿元，相比2011年增长23.08%，林业建设资金增速回落（图10）。

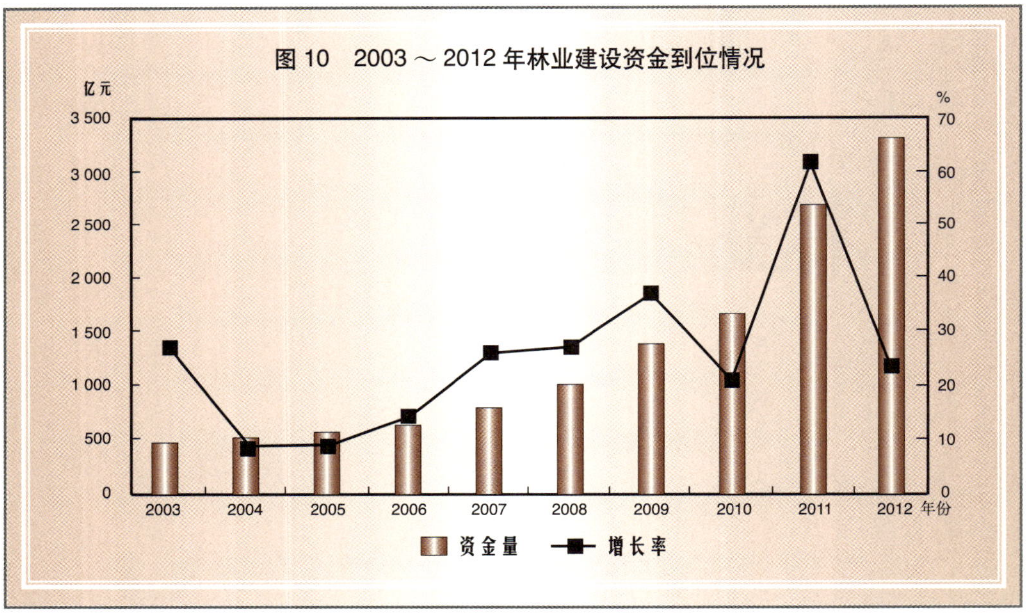

1. 国家预算资金

国家预算资金，是指中央财政和地方财政用于林业建设与发展的资金，以及中央财政安排用于林业的各类专项拨款。2012年，投向林业建设与保护的国家预算资金1 556.35亿元，与2011年相比增长了19.52%，占本年新到位林业建设资金总量的47.15%（图11）。其中，中央资金为847.02亿元，占54.42%；地方资金709.33亿元，占45.58%。2012年，中央林业资金在中央财政支出（64 148.27亿元）中所占比重为2.43%，与2011年相比上升了1.06个百分点（图12）。

图 11　2003～2012 年国家预算资金量及占全部资金的比重

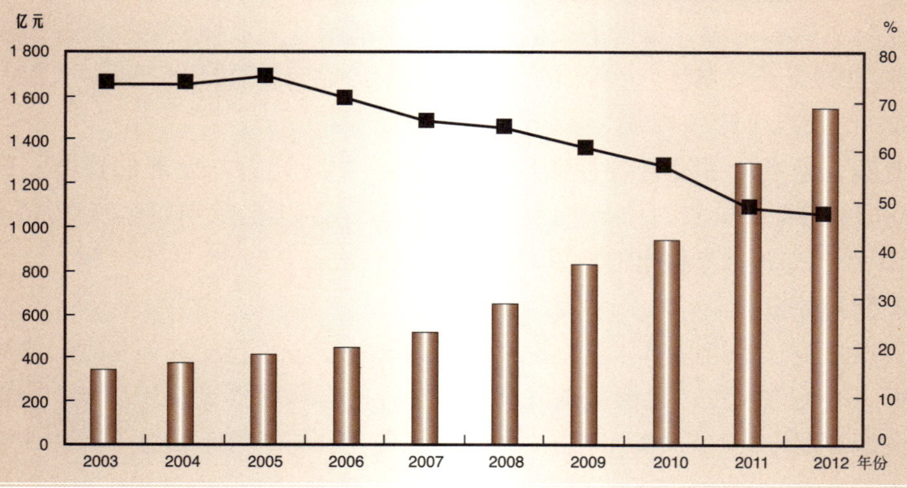

图 12　2003～2012 年中央林业投入占中央财政支出的比重

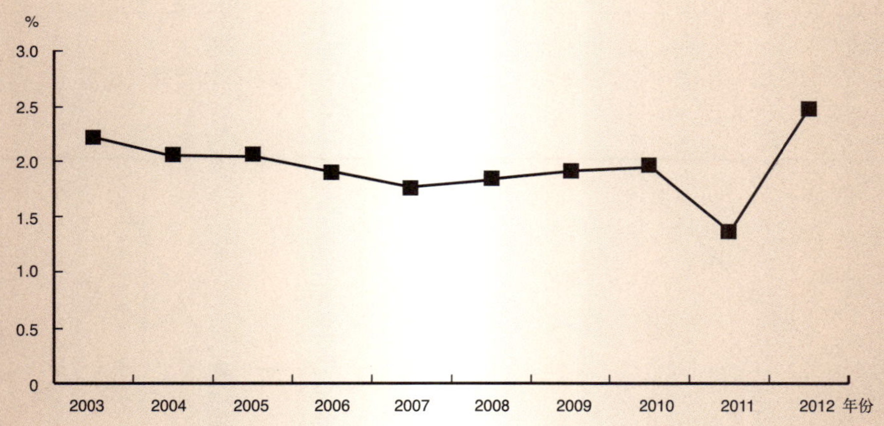

2. 国内贷款和债券

国内贷款，是指从国内银行和非银行金融机构借入用于林业建设和发展的资金。2012年林业建设资金中，国内贷款（主要是林业贴息贷款）为328.39亿元，与2011年相比增长了19.78%，占当年新到位林业建设资金总量的9.95%。

为扶持林业可持续发展，我国对林业行业部分项目的贷款实行利息补贴，此类贷款称为林业贴息贷款。2012年，国家林业局下达林业贴息贷款建议计划235亿元，比2011年增加35亿元，增长17.50%。实际落实新增林业贴息贷款257.46亿元，占同期贷款计划的109.56%，比2011年增加64.29亿元，增长

33.28%。其中，农村信用社发放林业贴息贷款107.33亿元，占当年度新增林业贴息贷款总额的41.69%，位居各类银行之首；中国农业银行发放林业贴息贷款31.92亿元，占12.40%，位居第二；中国农业发展银行发放林业贴息贷款20.61亿元，占8.01%，位居第三。2012年，落实中央财政贴息资金11.99亿元，比2011年增加2.43亿元，增长25.42%。

债券，是指通过发行各种债券筹集到用于林业建设与发展的资金。2012年，全国发行债券筹集到林业建设资金3.25亿元，占当年新到位林业建设资金总量的0.10%，与2011年相比增长了235.05%。

3. 利用外资

利用外资，是指当年林业建设中使用的国外资金，包括国外贷款、中外合资项目中的外方投资、无偿援助以及对外发行债券和股票等。2012年，全国林业利用外资项目262个，实际利用外资5.18亿美元，与2011年相比下降69.53%。其中，国外借款0.89亿美元，外商直接投资4.08亿美元，无偿援助0.20亿美元，分别占林业实际利用外资总规模的17.28%、78.85%和3.87%。林业实际利用外资金额占全国外商直接投资（1 117.20亿美元）的0.46%（图13）。

图 13　2003～2012 年林业利用外资规模及占全国实际利用外资比重

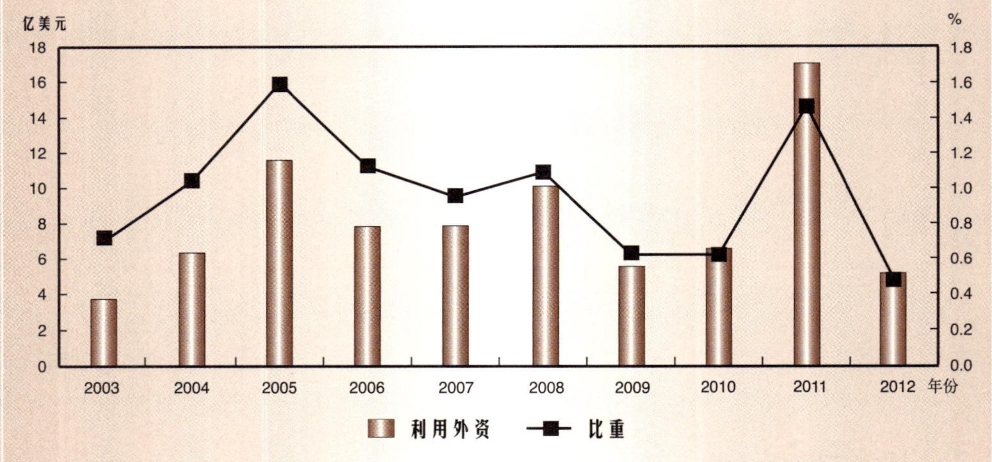

4. 自筹及其他资金

自筹资金，是指由各地方、各部门、各企业，以及各行政、事业单位自行筹措的用于林业建设与发展的资金。2012年，自筹林业建设与发展资金1 064.87亿元，与2011年相比增长了44.41%，占当年新到位林业建设资金总量的32.26%。

其他资金，是指用于当年林业建设与发展的上述其他来源以外的资金，包括个人资金、无偿捐赠和群众集资等。2012年，用于我国林业建设的其他来源资金为316.40亿元，比2011年减少了8.11%，占全年林业各类建设资金的9.59%。

（二）资金使用

林业投资主要用于生态建设与保护、林业产业发展、林业支撑与保障体系建设、林业民生工程建设等。2012年，林业建设计划投资3 195.48亿元，实际完成3 342.09亿元，与2011年相比增长了26.95%。其中国家投资完成1 245.40亿元，占林业实际完成投资额的37.26%。当年全部林业投资完成额中，按照项目管理、且计划总投资在2 000万元以上的林业固定资产建设项目完成投资1 274.01亿元，占全部林业投资完成额的38.12%。

分地区看，东部、中部、西部和东北地区林业投资完成额分别为952.93亿元、502.72亿元、1 445.94亿元和430.87亿元，在全部林业投资完成额中所占比重依次为28.51%、15.04%、43.26%和12.89%（图14）。

图 14　2012 年林业投资的区域结构

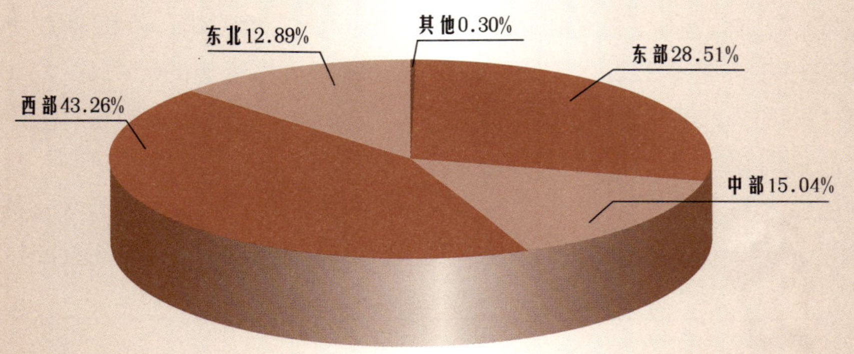

1. 生态建设与保护

林业生态建设与保护资金主要用于当年造林、更新、森林抚育、野生动植物保护与自然保护区建设、湿地恢复与保护、森林生态效益补偿等。2012年，林业生态建设与保护完成投资1 604.12亿元，占全部林业完成投资额的48.00%，与2011年相比增长了23.16%。其中，用于造林940.42亿元，占当年林业生态建设与保护资金的58.63%；更新造林投入21.28亿元，森林抚育投入124.77亿元，野生动植物保护及自然保护区建设投入14.03亿元，用于湿地恢复与保护33.78亿元，森林生态效益补偿投入146.69亿元，其他（含生态工程补助资金）

图 15　2012 年生态建设与保护资金投入结构

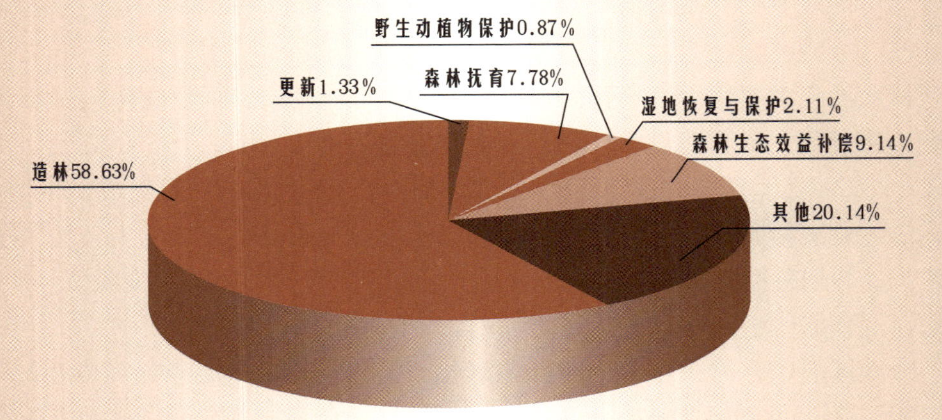

投入323.15亿元，在全部林业生态建设与保护资金中所占比重依次为1.33%、7.78%、0.87%、2.11%、9.14%和20.14%（图15）。

2. 林业支撑与保障

林业支撑与保障资金主要投向林木种苗培育、森林防火与森林公安、林业有害生物防治、林业科技教育和林业信息化等方面。2012年，全国林业支撑与保障体系建设投入资金222.88亿元，占全部林业完成投资额的6.67%，与2011年相比下降了25.87%。其中，林木种苗培育资金投入72.06亿元，占当年林业支撑与保障资金总量的32.33%；用于森林防火与森林公安37.23亿元，占16.70%；林业有害生物防治投入34.35亿元，占15.41%；科技教育投入8.75亿元，占3.93%；林业信息化建设投入2.43亿元，占1.09%；其他投入68.06亿元，占30.54%（图16）。

图 16　2012 年林业支撑与保障资金投入结构

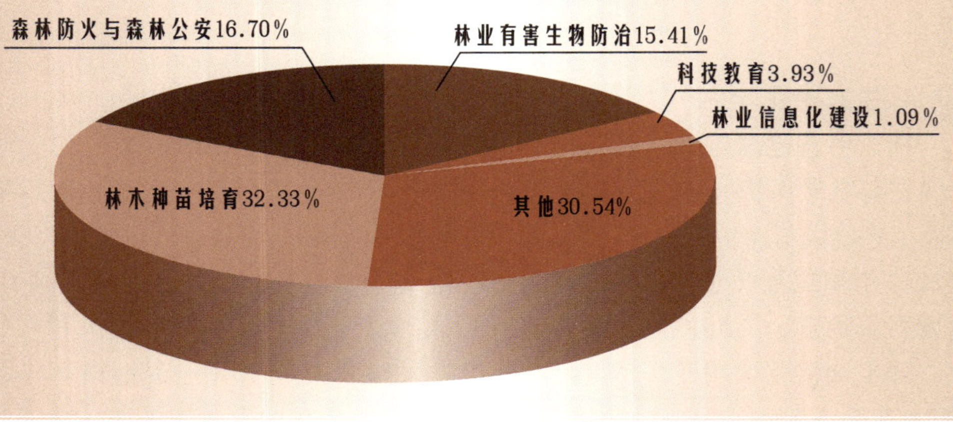

3. 林业产业发展

林业产业发展的资金主要投向工业原料林、特色经济林、木本油料、花卉种植和林下经济等。2012年，林业产业发展投入资金820.71亿元，占全部林业完成投资额的24.56%，与2011年相比增长了57.10%。其中，以资源培育为主的第一产业投入资金298.74亿元，包括工业原料林建设投入38.28亿元，特色经济林建设投资48.85亿元，木本油料林建设投入44.53亿元，花卉种植资金投入63.46亿元，发展林下经济投入103.62亿元；以加工和森林服务为主的林业二、三产业投入资金521.97亿元；两者分别占当年林业产业发展资金投入的36.40%和63.60%。

4. 林业民生工程

林业民生工程投资主要用于国有林区棚户区和国有林场危旧房改造，以及社会性基础设施建设。2012年，全国林业民生工程投资245.46亿元，占全部林业完成投资额的7.34%。其中，棚户区（危旧房）改造投资182.37亿元，社会性基础设施建设投资53.16亿元，其他投资9.93亿元，分别占当年林业民生工程投资的74.30%、21.66%和4.04%。

（三）林业固定资产投资

林业固定资产投资①，是指用于建造和购置使用年限在一年以上，单位价值在规定标准以上，使用过程中保持原来物质形态的资产的林业资金投入。2012年，累计到位林业固定资产投资合计1 233.35亿元，占当年到位林业建设资金（3 366.45亿元）的36.64%。

1. 投资来源

2012年，新到位林业固定资产投资1 216.45亿元，占当年林业固定资产投

图 17　2012 年林业固定资产投资来源

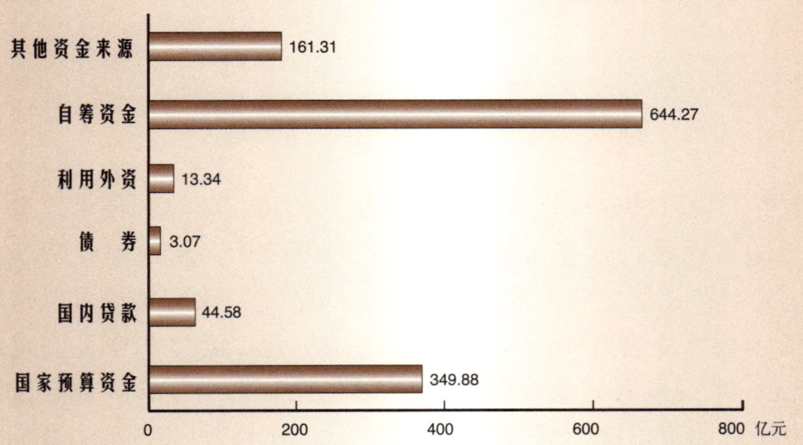

① 此处固定资产投资，是按照项目管理的，且计划总投资在2 000万元以上的成长林业固定资产投资和农村非农户林业固定资产投资。

资来源的98.63%，与2011年相比增长了29.78%；上年末结余林业固定资产投资16.90亿元。

2012年新增林业固定资产投资中，国家预算资金349.88亿元，国内贷款和债券47.65亿元，利用外资（折合人民币）13.34亿元，自筹资金及其他资金来源805.58亿元；在当年新增林业固定资产投资中所占比重依次为28.76%、3.92%、1.10%和66.22%（图17）。

2. 投资完成情况

2012年，全国完成林业固定资产投资1 274.01亿元，与2011年相比增长了38.88%，计划完成率为103.17%。

林业固定资产投资按构成分为建筑工程、安装工程、设备工器具购置及其他。2012年，林业建筑工程固定资产投资完成441.58亿元，安装工程完成固定资产投资52.20亿元，设备工器具购置完成固定资产投资151.82亿元，其他固定资产投资完成额628.41亿元；在当年林业固定资产投资完成总额中所占比重依次为34.66%、4.10%、11.92%和49.32%（图18）。

图 18　按构成划分 2012 年林业固定资产投资结构

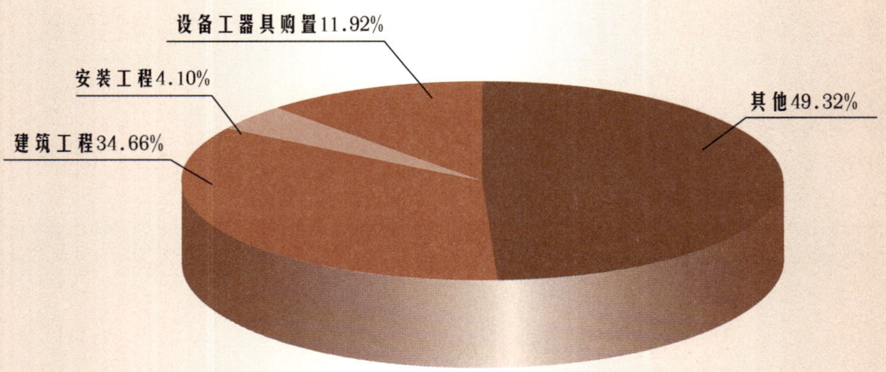

林业固定资产投资按建设性质划分为新建、扩建、改建和技术改造、单纯建造生活设施、迁建、恢复、单纯购置等。2012年，新建固定资产投资完成833.62亿元，扩建固定资产投资完成245.26亿元，改建和技术改造投资完成133.55亿元，单纯建造生活设施投资10.32亿元，迁建和恢复固定资产投资10.25亿元，单纯购置固定资产投资41.01亿元；在当年林业固定资产投资完成总额中所占比重依次为65.43%、19.25%、10.48%、0.81%、0.81%和3.22%（图19）。

图 19　按性质划分 2012 年林业固定资产投资总额

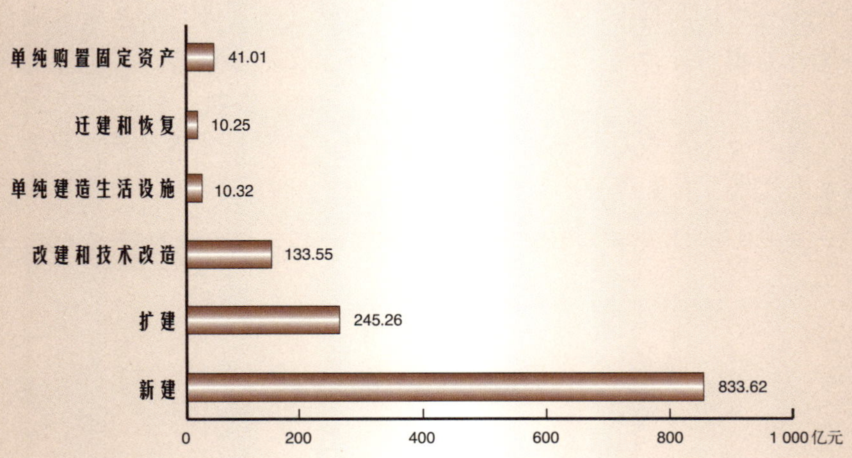

（四）林业建设资金管理

强化制度建设　为深化落实新形势下进一步加强林业资金稽查监管的要求，着力开展了稽查规定的修改完善工作。

加强财政资金管理　会同财政部制定出台了《关于开展中央财政森林生态效益补偿基金绩效评价试点工作的通知》，起草了《林业补贴资金管理办法》、《国有林场改革试点补助资金管理办法》。

加强日常稽查工作　全年开展了专项资金稽查、稽查调研及协助检查等工作。全年共派出12个组，41人次；稽查资金总金额6.59亿元，重点抽查资金1.28亿元，查出违法违规资金152.83万元。

推进林业资金稽查监管信息系统建设　制定了《林业资金稽查监管信息系统实施方案》。

专栏 7　林业棚户区改造工程进展情况

林业棚户区改造工程是新中国成立以来国家在国有林区、国有林场实施的最大的民生工程，关乎广大林区职工的切身利益。2012 年共安排改造任务 41.95 万户，中央投资 66.24 亿元。到目前，已累计安排中央投资 201.2 亿元，安排改造 140.8 万户，其中已竣工入住近 90 万户，成效十分显著。

林业棚户区改造工程的实施，使林区职工告别了潮湿阴暗的棚户区、简易房，住进了宽敞明亮的新居，人均居住面积由 13.1 平方米提高到 24.5 平方米，林区民生得到了极大改善；加快了林区生产力布局的调整，撤并和整合了一批林场，推进了生产区和生活区逐步分离，促进了林区社会职能的分离，为国有林区和国有林场体制机制改革创造了有利条件；各级林业部门在实施林业棚户区改造中，主动融入国家城镇化发展战略，形成了许多新的林业小区和小城镇，逐步解决了林区职工居住、供电、给排水、医疗、教育、交通等一系列长期以来未能解决的难题，对增强城镇功能、提升职工生活水平产生了重要作用，影响深远。

G

P81-100

支撑与保障

- 森林资源管理
- 林业种苗
- 森林防火和森林公安
- 林业有害生物防治
- 野生动物疫源疫病监测防控
- 林业科技
- 林业教育
- 林业工作站
- 国有林场
- 森林公园
- 林业信息化建设
- 林业职工队伍

支撑与保障

2012年，林业支撑与保障工作迈上新台阶。森林资源管理全面加强，林业种苗工程建设有序推进，森林防火和森林公安建设成效显著，林业有害生物防治顺利开展，野生动植物疫源疫病监测防控稳步推进，林业科技硕果丰富，林业教育投入增加，林业工作站建设稳步推进，国有林场改革取得积极进展，森林公园建设效益提升，林业信息化建设取得新成就。

（一）森林资源管理

林地征占用管理 2012年，全国共审核审批占用征收林地项目1.95万项，占用征收林地面积13万公顷，收取森林植被恢复费82.66亿元。与2011年相比，占用征收林地面积增长9.1%。林地征占用管理不断加强，一是对《占用征收征用林地审核和审批管理办法》进行了修改完善；二是起草了《关于从严控制矿产资源开发等项目占用东北、内蒙古重点国有林区林地的通知》，明确提出提高矿山项目准入门槛等政策措施；三是对《森林植被恢复费征收使用管理暂行办法》进行了修改完善；四是下达了2012年占用征收林地年度定额，审查了部分省（自治区、直辖市）申请提前使用2013年度占用征收林地定额和国家备用定额的情况；组织对全国34个省（自治区、直辖市、公司、兵团、集团）的165个县级单位2011年以来占用征收林地情况进行了检查，共检查占用征收林地项目4 850项，实际占用征收林地面积22 939.6公顷，其中：经过林业主管部门审核（批）的项目4 110项、面积21 363.1公顷，项目审核率84.74%、面积审核率93.13%。共查出违法占用征收林地项目789项，其中无任何审核（批）手续738项、越权审核（批）2项、异地占用2项、超审核（批）面积占用44项、超期限占用3项，面积1 663.2公顷；毁林开垦97起，面积104.4公顷。经营性建设项目违法占用征收林地、采石采矿侵占林地、违法占用公益林地、有组织毁林开垦等问题依然存在。

林地动态监测 贯彻落实国务院批复的《全国林地保护利用规划纲要（2010～2020年）》，2010年，启动了全国林地“一张图”建设工作。在国家林业局各直属院和地方各级林业主管部门的共同努力下，历时2年多，共投入5万余人，耗资近10亿元，于2012年底完成了全国林地“一张图”建设工作。全国林地“一张图”建设共区划了6 800多万个林地图斑，总调查数据3亿多组，数据量高达100TB，第一次将全国林地落实到山头地块，摸清了森林资源底数，实现了国家和地方共有的林地“一套数”。为保持全国林地“一张图”的现势性和时效性，发挥其在林地资源管理及在其他林业生态建设中的基础作用和实用价值，2012年启动了林地年度变更调查试点工作。在黑龙江、安徽、贵州、新疆4省（自治区）和其他省（自治区、直辖市）的33个县（每一个省级单位抽取一个县级单位）开展了林地“一张图”年度更新调查试点。试点范围覆盖311个县，共93万平方千米，采用高分辨率遥感影像结合现地验证调查的方法，将林地和森林转入转出的变化地块更新到林地“一张图”上，产出了试点范围内的林地变化数据，同时，探索了林地动态监测的技术方法和工作机制。

林权管理制度 2012年，林权管理制度建设稳步推进。一是修订了《林木和林地登记发证管理办法》，制定了林地林木登记工作流程范本；二是下发了《国家林业局关于进一步加强林地确权登记发证工作的通知》（林资发〔2012〕47号），对林地确权登记发证工作提出明确要求；三是规范了涉外林权登记等事项，加强了对外资使用中国林地的监管；四是2012年4月召开了全国林地林权管理工作会议，总结了改革开放以来我国林权管理30年的工作成效，提出加强林权管理制度性建设的要求；同期召开了林权登记发证管理系统建设座谈会，提出了尽快建立全国林权登记信息管理系统和登记档案资料查询平台，健全林权登记档案管理和查询制度等意见。

森林资源监督 2012年，森林资源监督工作进一步加强。一是对207个使用林地建设项目开展了占用征收林地行政许可被许可人监督检查，发现违法违规使用林地项目48项，面积125.12公顷。各监督机构督促违法使用林地案件和有关问题及时得到依法处理和整改。二是各地森林资源监督办组织开展了林地保护管理的专项监督检查行动，打击了毁林开垦，纠正了不规范使用林地行为，督办了一些久拖不决、地方查处难度大的挂牌案件。三是完成了“三总量”检查工作；开展重点国有林区森工企业局伐区调查设计和作业质量核查工作，重点国有林区伐区调查设计质量合格率平均为92.2%，伐区作业质量合格率平均为71.1%。针对发现的问题，下发监督整改意见书129份，督促相关单位对737名责任人给予了行政处分或经济处罚。四是严格执行林木采伐许可证核发制度，督查督办破坏森林资源案件，共督查督办各类林业案件300余起。五是检查了保护发展森林资源目标责任制情况，下发了《国家林业局办公室关于印发〈保护发展森林资源目标责任制检查方案〉的通知》（办督字〔2012〕52号），统一了检查标准；各派驻森林资源监督机构对80个县级人民政府保护发展森林资源目标责任制建立和执行情况进行了检查。全国2 730个应当建立责任制的县级政府中，共有2 264个已经建立，占总数的82.93%，其中，544个县是在2012年建立的。天津、吉林等7个省（自治区、直辖市）人民政府下发了关于建立保护发展森林资源目标责任制的文件。六是15个派驻森林资源监督机构向33个省（自治区、直辖市、森工集团、公司、建设兵团）提交了《森林资源监督报告》，反映了各地森林资源保护管理的宏观态势，提出了监督建议。监督报告引起了相关省领导的高度重视，23个省（自治区）的党委、政府主要领导或分管领导对监督报告做出了批示。

森林可持续经营　2012年，森林可持续经营工作稳步推进。一是成功召开全国森林抚育经营现场会；组织开展全国森林抚育经营现状与布局研究，启动全国森林经营规划编制工作；高度重视关于森林抚育经营的重点建议办理工作，在广西南宁召开了森林抚育经营重点处理建议办理座谈会。二是召开森林经营法律制度建设座谈会，积极推动完善我国森林经营法律制度；修订出台《国家林业局森林抚育检查验收办法》和《国家林业局森林抚育作业设计规定》；召开森林抚育经营技术标准研讨会，初步建立了我国森林抚育经营技术标准体系框架，完成了《森林抚育规程》等5项标准制修订工作；完成全国职业大典中森林经营类职业修订工作。三是确定了北京西山试验林场等15个全国森林经营样板基地，下发了《关于公布全国森林经营样板单位名单的通知》；组织召开了南北森林经营样板基地建设座谈会，出台了《关于开展森林经营样板基地建设的指导意见》。四是全国200个单位的森林可持续经营管理试点稳步推进。各省（自治区、直辖市）召开专门会议布置试点工作，组织试点单位编制了试点实施方案，并上报林业主管部门备案；对2004年启动的全国7个森林可持续经营试点示范单位的试点成果进行阶段性总结；发布了《森林经营方案编制与实施规范》和《简明森林经营方案编制技术规程》两个行业标准，制定了《森林经营方案管理办法》草案；在已经启动的森林可持续经营管理试点单位中选择了6个单位，启动了《国际森林文书》示范基地建设工作，在浙江省临安市举办了“中日森林可持续经营研讨会”；制定下发了《中央财政森林抚育补贴政策成效监测实施办法》（试行）。五是从国际性、前瞻性和历史的视角，遵循蒙特利尔进程与标准指标体系，组织编制完成了《中国森林可持续经营国家报告》，多角度、多层次阐述了中国森林可持续经营状况。

森林采伐管理　2012年，森林采伐管理稳步推进。一是全国年度森林采伐限额为2.75亿立方米（不包括省级林业主管部门按照国家林业局印发的《商品林采伐限额结转管理办法》中规定审批结转的采伐限额），实际发放林木采伐许可证允许采伐的林木蓄积量（即发证采伐量）为1.2亿立方米，不足采伐限额的一半。除吉林森工集团、内蒙古森工集团、中林集团、天津市、龙江森工集团、大兴安岭林业集团的发证采伐量占采伐限额的80%以上外，其他省（自治区、直辖市）的发证采伐量均大大低于采伐限额。二是从对26个省（自治区、直辖市）的36个县（局）进行的采伐管理检查结果看，实际林木采伐总量只占采伐限额总量的39.2%，比2011年度的检查结果低2.8%，平均林木采伐发证率、发证合格率和伐区凭证采伐率分别为78.6%、88.4%和97.7%。三是因国家重点工程建设或重大自然灾害等情况，批准增加东北、内蒙古重点国有林区棚户区改造专项采伐限额45.8万立方米，江苏水利工程建设专项采伐限额3.8万立方米，大兴安岭森林火灾、吉林风灾等专项采伐限额24.2万立方米。

（二）林业种苗

2012年，中央预算内投资计划下达林木种苗工程建设投资20 000万元，投资规模与2011年持平。其中：地县级林木种苗机构能力建设投资4 267万元，林木良种基地建设投资9 173万元，林木种质资源收集保存库建设投资5 204万元，林木采种基地建设投资565万元，其他投资791万元，分别占该项目中央预算内投资的21.33%、45.86%、26.02%、2.83%和3.96%。与2011年相比，地县级林木种苗质检机构建设投资占当年投资比重增加了6.37%，林木良种基地和种质资源收集保存库建设投资占当年投资比重分别降低了2.03%和5.83%，采种基地与其他投资占当年投资比重都增加了0.75%。

2012年，建设林木种苗工程项目116个（含能力建设项目11个），建设规模10 936.7公顷，比2011年建设规模增加2 686.9公顷。其中，建设林木良种基地项目67个，林木种质资源保存库项目30个，采种基地项目3个，种苗繁育基地等其他项目5个，建设规模分别为8 037.5公顷、2 149.3公顷、266.6公顷、483.3公顷，占建设总规模的73.49%、19.65%、2.44%和4.42%。2012年，林木种苗工程建设了11个省（自治区）的地县级林木种苗机构能力项目。

2012年，国家林业局林木品种审定委员会审（认）定通过53个林木良种，其中审定通过南杨等48个品种，认定通过欧美杨2012等5个品种。

2012年，全国共采收林木种子2 783万千克，其中，全年全国采种基地共采收种子631万千克，占全国林木种子采收量的22.67%。2012年全国共生产良种170万千克，其中：种子园产量65万千克；母树林产种量105万千克；采穗圃生产穗条24亿条(根)，良种繁殖圃生产穗条7.2亿条(根)。2012年，全国共完成育苗面积91.6万公顷，其中新育苗面积27.2万公顷。国有、乡村集体和个体育苗面积分别占育苗总面积的13.00%、5.27%和81.73%。2012年，全国共生产造林合格苗木175亿株，其中，31.32%来自国有单位，5.44%来自乡村集体，63.24%来自个体。总体看，全国林木种子供应量充足，但名特优新林木种子供不应求，苗木生产势头强劲，供应量逐年攀升。

2012年，林木种苗社会化服务工作顺利推进。信息调度工作正常开展，结合造林绿化情况，各地适时地调度种苗供需信息。国家种苗网等媒体为社会提供大量种苗政务及市场信息，促进种苗市场健康发展。截至2012年12月31日，通过国家种苗网发布市场供求信息51.4万条，网站注册会员人数到达53.3万人，月平均访问4.4万人次。

截至2013年4月，全国共有林木种苗管理机构1 938个，在编在职人员13 813人，中级职称以上人员6 371人，占在编在职人员总数的46.12%。其中：省级林木种苗管理机构34个，在编在职人员804人，中级职称以上人员416人，占在编在职人员数量的52.74%；地（市）级林木种苗管理机构298个，在编在职人员

2 522人，中级职称以上人员1 440人，占在编在职人员数量的57.10%；县（市）级林木种苗管理机构1 606个，在编在职人员10 487人，中级职称以上人员4 515人，占在编在职人员数量的43.05%。

（三）森林防火和森林公安

2012年，全国共发生森林火灾3 966起，其中：一般火灾2 397起，较大火灾1 568起，重大火灾1起，无特大火灾发生。与2011年相比，森林火灾次数下降28.54%，其中一般火灾、较大火灾和重大火灾次数分别下降19.91%、38.46%和88.89%。2012年，因非生产性火源引发的森林火灾次数为2 320起、生产性火源引发的森林火灾次数为1 121起、因雷击火引发的森林火灾次数为34起、其他自然火引发的森林火灾次数为3起，分别比2011年下降12.19%、42.98%、63.83%和66.67%。人为因素引发的森林火灾仍然占已查明火源的森林火灾总次数的90%以上。其中，上坟烧纸、烧荒烧炭和野外吸烟引发的森林火灾分别占已查明火源的森林火灾次数的43.60%、21.60%和4.80%。小孩玩火以及痴呆人弄火引发的森林火灾各占已查明火源的森林火灾次数的2.70%。

2012年，全国森林火灾受害森林面积13 948公顷，比2011年下降48.24%。因森林火灾伤亡21人，比2011年下降76.92%，其中，轻伤、重伤和死亡人数分别为6人、2人和13人，分别比2011年下降72.73%、91.67%和71.11%。2012年森林火灾发生率(起火灾/10万公顷森林)为2.03，森林火灾控制率(公顷受害森林面积/每起森林火灾)为3.52，森林火灾受害率(受害森林面积/森林总面积)为0.07‰（按全国森林面积19 545万公顷计算）。全国扑救森林火灾共出动62.1万个人工日、车辆5.2万辆(台)次、出动飞机359架次，投入扑救森林火灾经费3.42亿元。

2012年，森林防火工作实现多项突破，一是修订并发布《国家森林火灾应急预案》。二是“全国森林火险预警示范系统建设项目”正式投入运行。在全国重点林区建设了439个森林火险监测站、109个森林火险因子采集站、36个国家和省级森林火险预警中心（分中心）。系统每日发布未来72小时全国森林火险等级预报；出现四级以上高火险时，发布区域性高森林火险警报；每旬发布一次全国或重点林区森林火险趋势预测报告；发生重大森林火灾时，可制作发布火场实时气象、火险报告等。三是批复森林防火建设项目190个，中央投资22.13亿元，已下达12亿元森林防火基本建设投资计划，追加森林航空消防和物资储备经费，森林防火指挥部办公室本级预算增长20%。全国火情瞭望监测覆盖率由45.3%提高到63.1%，森林防火通信覆盖率由53.7%提高到67.7%。四是2012年4月中蒙召开第一次边境地区森林防火联防会议。中蒙双方就建立联络站、建立会晤制度等具体事宜达成一致。五是批复建设了山东、广东、新疆3处航空护林站，北京、河北等16个省（自治区、直辖市）开展了森林航空消防工作，航护面积265万平方千米。全年共租用各类飞机184架次，累计飞行

3 100架次、6 540小时，空中发现火场163个，参与扑救火场154个，运送扑火物资10吨，配合地方森林防火部门投撒防火传单20万份。

2012年，森林公安工作稳步推进。一是加快推进森林公安发展规划编制，各地纳入到省级政法基建“十二五”规划项目数1 996个，总投资46.9亿元；争取中央预算内基本建设投资4 300万元；清理化解地方基建债务总计约8.07亿元；下达中央转移支付资金5.886亿元；批复火案侦查项目12个，总投资1.77亿元。二是出台了《关于加强信息化建设的指导意见》，召开了信息化建设全国推进会和重点省区座谈会。截至2012年年底，森林公安网整体接入率达到87%，民警公安网计算机配备率达到74%，信息化培训率达到80%。江西、山东、内蒙古大兴安岭、黑龙江大兴安岭等7个单位建成了警综平台。三是组织安排2.9万名民警参加了执法资格考试，报请公安部完成了一级至五级公安派出所的命名和认定工作，4个单位被公安部命名为全国公安机关执法示范单位，完成2011年森林看守所等级评定。四是稳妥处置了甘肃舟曲、四川阿坝等地8起群体突发事件；化解林区矛盾纠纷20 636起；化解信访积案3 380件；为群众办实事、做好事、解难事63 300件。开展“缉枪治爆”等专项行动，累计收缴各种枪支1 829支、子弹39 768发、毒气弹1枚，铲除罂粟7.5万株、缴获毒品46.2千克、查获千克以上大案12起。五是开展了打击野生动物及其制品网络犯罪和非法贸易专项行动，清查整治古玩城、花鸟市场等重点场所5 962处，敦促国内15家大型网站与论坛加强网络监管，清理取缔摊点店面等7 155个、非法网店628家，查获破坏野生动物资源案件700余起，收缴野生动物13余万头（只）、制品近2 000件、皮张147张，集中督办了社会关注的一批恶性案件，指导云南、北京等地成功侦破一批大要案件。

（四）林业有害生物防治

2012年，我国林业生物灾害呈现偏重发生和局部成灾的局面。全国主要林业有害生物发生面积1 177万公顷，与2011年发生面积基本持平，其中：虫害发生846万公顷，病害发生131万公顷，鼠（兔）害发生200万公顷。另外，有害植物发生17万公顷。

2012年，全国共完成防治面积783万公顷，累计防治作业面积1 748万公顷。主要林业有害生物成灾率控制在4.5‰以下，无公害防治率达87.03%以上，测报准确率达85%以上，种苗产地检疫率达95%以上。松材线虫病县级疫区总数由185个减少到179个，实现县级发生区、发生面积和病死树数量继续多年“三下降”；美国白蛾发生面积比2011年下降9%，风景区、交通要道等区域的叶片保存率在90%以上，村庄及周边地区叶片保存率在80%以上；鼠（兔）害发生面积与2011年总体持平，危害程度较2011年有所减轻；松毛虫、松蚧虫、杨树蛀干害虫发生面积继续呈现下降趋势。

2012年森林有害生物防治工作顺利推进。一是松材线虫病等重大林业有害生物防控责任进一步落实。建立了“双线”防控责任制，地方各级政府之间、各级林业主管部门之间签订了重大林业有害生物防控责任状；各省（自治区、直辖市）成立了重大林业有害生物防控指挥机构，建立了政府统一领导、部门分工协作的工作机制；中央投入3亿元防控基础设施建设资金，安排107个监测预警、检疫御灾、防治减灾体系基建项目，投入2亿元防治补助专项资金，用于松材线虫病等重大林业有害生物及突发生物灾害的预防和治理，安排3 000万元补助1 000个国家级中心测报点的林业有害生物监测、预报工作。各省（自治区、直辖市）级财政投入防控资金4.56亿元。中央及地方各部门及时对重大林业有害生物防控工作进行了部署。二是加强监测预报体系建设。完善了监测预报制度，成立了第二届林业有害生物监测预报专家咨询组，印发了《主要林业有害生物成灾标准》等文件，实行了周报、月报和年度发生趋势预测发布等制度；加强了林业有害生物监测预警网络体系建设，完善了数据采集与传输系统，基本建成了国家、省、市、县四级监测预警网络体系；加强监测预报预警信息发布管理，全国共发布生产性林业生物灾害预测预警信息4 683条、森防动态信息15 032条；印发了《松材线虫病疫情出现新情况》等警示通报。制定了《国家网络森林医院管理办法》等7个管理办法；在国家网络森林医院基础上，建成省级地方分院28个，用户访问750多万人次。三是加大植物检疫工作力度。印发了《国家林业局关于切实加强林业植物检疫工作的通知》等系列文件，对严格执行检疫制度等工作提出了具体要求；组织开展了“绿盾2012”全国林业植物检疫执法检查行动。四是推进防治机制创新。辽宁、吉林、黑龙江及内蒙古签订了《东北四省区林业有害生物灾害防控合作协议》，上海、江苏、浙江、江苏4个省（直辖市）签署检疫执法框架协议，广东、广西建立了松材线虫病等重大外来林业有害生物防控联防联治机制，福建省尤溪县、黑龙江省哈尔滨市阿城区开展了防治公共服务试点。五是加强林业有害生物防治法制建设和突发有害生物灾害应急处置。组织修订《森林病虫害防治条例》、《重大外来林业有害生物灾害应急预案》，完成了《林业有害生物防治条例》草案修订稿；完成了安徽省美国白蛾突发疫情、贵州省安龙县突发松材线虫病等疫情现场调查，采取了应急措施。

（五）野生动物疫源疫病监测防控

2012年，全国共报告49起野生动物异常情况，死亡野生动物42种7 003只（头），发生1起较大、3起一般野生动物疫情，实现重大以上级别野生动物疫情零发生。与2011年相比，2012年野生动物异常死亡数量减少67.1%，异常报告数上升4.26%，较大野生动物疫情起数持平，一般疫情增加2起。首次在我国藏羚羊种群中发现羊传染性胸膜肺炎。

2012年，全国野生动物疫源疫病监测防控工作稳步推进。一是针对深圳、贵州分别发现人感染高致病性禽流感死亡病例，及时组成调查组现场调查指导防控工作，下发了《关于做好今春野鸟高致病性禽流感监测防控工作的紧急通知》（林护发〔2012〕3号）；及时发现西藏藏羚羊异常死亡事件，派出专家组赴现场指导开展应急处置和采样检测工作，确诊了病因；及时排查发现四川省甘孜藏族自治州石渠县近4 000只藏原羚死亡事件，派联合调查组调查和指导善后处理工作，确保了灾后无重大疫情的发生；大力推进边境联防联控试点工作，下发了《关于切实做好非洲猪瘟防范工作的通知》。二是组织4个专项督导调查组赴广东等13个重点省（自治区、直辖市），对春季野生动物疫源疫病监测防控等情况进行检查，组织驻各地森林资源监督办对其他省（自治区）进行了督查；在节假日期间对各省（自治区）国家级监测站应急值守情况进行电话抽查，在岗率达历年新高。三是积极开展主动预警试点工作，起草了工作方案，优选了5个监测单位和技术支撑单位作为试点，编制了样品采集监测工作计划。召开预警方案研讨和工作部署会、野生动物疫源疫病趋势分析会商会。四是落实了50处国家级野生动物疫源疫病监测站基本建设投资，在《国家中长期动物疫病防治规划（2011～2020年）》任务分工中提出林业部分的分工建议；组织召开了全国野生动物疫源疫病监测防控体系建设现场经验交流会议。

（六）林业科技

2012年，全国林业科学技术大会顺利召开，发布了《林业科学和技术发展“十二五”规划》，规划了“八大”重点科技任务，印发了《国家林业局关于加快科技创新促进现代林业发展的意见》，从科技创新、成果转化等9个方面对林业科技创新进行了部署，林业科技工作迈上新台阶。

林业科技投入 2012年，中央财政共安排林业科研资金8.9亿元，实施科技项目1 000余项。主要包括新安排948引进项目、林业公益性行业科研专项、中央财政林业科技推广示范专项等。同时，资金争取工作取得重要进展，“主要林木花卉新品种选育与扩繁”等6个国家科技支撑项目获准立项；“森林火灾综合防控技术研究与示范”等2个项目通过专家论证；973计划项目“复杂地表遥感信息动态分析与建模”和国家科技基础性工作专项“中国森林植被调查”、“华北山区经济树种种质资源收集和保存”获准立项。

林业科学技术研究 2012年，林业科学技术研究深入开展。一是在基础研究方面，完成了毛竹基因组测序，建立了我国首个竹类植物全长cDNA和EST数据库。二是启动了主要林木花卉新品种选育与扩繁等27个重大科研项目。筛选出优质高抗林木种质12个，实现了杨树第四代品种更新，主要造林树种良种使用率提高31%。三是建立造林及植被恢复综合配套技术和模式22项，造林成活率和保存率提高8%以上。四是首次建立了全国尺度的森林健康状况诊断和评价指标体系，编制典型森林类型健康经营模式和技术规程17个。五是初步阐明了森林与气候变化的响应关系，构建了森林碳汇综合监测与评估方法体系。六是节能、节材、环保木材生产关键技术实现突破，节约率提高10%以上。七是利用农林废弃物成功研制出具有高附加值的生物基新材料，开发出替代化石燃料的高品位生物燃料和液化油。

林业科学技术推广 2012年，林业科学技术推广成效明显。一是大力推广核桃、油茶等木本粮油树种丰产栽培和低产（效）林改造技术，提高木本粮油的产量和质量。二是推广林果、林药等模式实用技术，充分利用林下空间，提高森林资源的综合效益。三是建立科技示范基地600多个，培训林业专业技术人员和林农5万多人次。油茶产业升级技术建立了10条精深加工生产线，实现油茶林年均亩产增收千元以上；在15个省（自治区、直辖市）推广应用核桃丰产栽培和低产（效）林改造技术390多万亩，平均亩产量提高15%以上；推广林业经济发展新技术，建立了300亩的杨－农高效复合经营示范林。四是选派2 000多名林业科技特派员推广林业实用技术。

林业标准化建设 2012年，林业标准化建设稳步推进。一是发布国家和行业标准118项、编制修订国家和行业标准252项、国际标准9项。二是成立了森林消防和林业有害生物防治2个技术委员会，配合国际标准化组织（ISO）开展工作，参加国际标准研讨论证。三是启动了14个省（自治区、直辖市）50个油茶标准化示范区建设项目。在湖南召开了全国油茶标准化示范区建设现场经验交流会，总结了油茶标准化示范区典型经验。四是委托质检机构开展了木地板和人造板生产质量监督，核桃、枣等林产品质量监测工作。

林业科技成果 2012年，林业科技取得丰富成果。一是国家科技支撑项目“油茶产业升级关键技术研究与示范”顺利通过验收， 建立高产品种和高效栽培示范基地105个，营建采穗圃23个，油茶繁育基地12个，建立油茶精深加工、副产物利用等中试生产线10条。二是42项林业公益性行业专项项目通过验收，认定成果40项；75项948项目通过验收，认定成果61项；7项局重点项目通过验收，认定成果7项。三是取得其他林业科技成果474项，其中，软科学类2项，基础理论类20项，应用技术类452项。“天然林保护与生态恢复技术”等5项成果获国家科技进步奖二等奖。

林业科技条件建设 2012年，林业科技条件不断加强。一是印发了《全国林产品质量检验检测机构建设规划（2011～2020年）》。编制了科技推广体系和工程技术研究中心等发展规划。二是批复了7个局级工程技术（研究）中心、2个生物产业基地、10个国家林业局林产品质检中心。三是“木材工业国家工程研究中心”获得国家工程研究中心重大成就奖。四是生态站建设加快推进，召开了全国林业生态站工作现场会，新建了13个林业生态站，成立了国家林业局生态定位观测网络中心。五是林木遗传育种国家重点实验室筹建工作有序推进。木竹产业技术创新战略联盟逐渐壮大。六是培养了19个创新团队和11名青年创新人才；实施了12项出国（境）智力引进计划项目，引进外国专家22人。

林业植物新品种保护 2012年，林业植物新品种工作成效显著。一是全年受理新品种申请222件，已授权169件。二是印发了《中国林业植物授权新品种（2010～2012年）》、《林业植物新品种保护公报》和《林业植物新品种权行政执法宣传册》，召开了林业植物新品种保护与应用交流研讨会，加强了"林业植物新品种保护"网站建设。三是开展授权新品种推介对接活动，搭建了新品种转化应用的平台，重点推介了80多项授权品种。四是起草了林业植物新品种权审批规则，编制了7项新品种测试指南，完成了第五批植物新品种保护名录的征集审定工作。向国际植物新品种保护联盟（UPOV）和世界知识产权组织（WIPO）提交了授权品种相关数据7 000多个。五是开展了打击侵犯品种权专项行动，下发了《国家林业局关于严厉打击侵犯植物新品种权行为的通知》，开展了全国林业植物新品种权侵权调查和行政执法试点工作。六是全面落实《两岸知识产权保护合作协议》，举办了"两岸植物新品种保护工作组暨测试技术研讨会"，赴台开展了测试技术交流，促进了两岸在该领域的合作。

林业转基因生物安全管理 2012年，生物安全管理工作不断加强。一是组织制定了《林业转基因生物安全管理条例》（征求意见稿），制定了《转基因林木生物安全监测管理办法（试行）》和《林业转基因生物安全应急预案》。二是新受理了"转TPSP和OTSAB基因耐逆草地早熟禾（ST1、ST2、ST3、ST4、ST5）中间试验"等6项转基因生物安全行政许可申请，审批许可了7项申请。三是完成了8项转基因林木监测项目的验收工作，新开展转基因杨等8项转基因林木监测，在测转基因林木项目共22项。

林业生物遗传资源保护管理 2012年，林业生物遗传资源保护管理水平进一步提升。一是根据国内生物遗传资源管理需要，制定了《林业生物遗传资源获取与惠益分享管理办法（草案）》。二是启动了油茶遗传资源调查编目工作，制定并发布了调查技术规程，召开了启动暨技术培训会，17个省（自治区、直辖市）调查编目工作已全面展开。三是按照联合国粮农组织要求，首次完成了《中国林木遗传资源国家报告》编制工作，已按程序上报联合国粮农组织（FAO）。

森林认证 2012年，森林认证成果丰富。一是完成了中国森林认证体系与森林认证体系认可计划（PEFC）互认的材料编写工作，PEFC正在加快履行互认程序。二是完成了《中国森林认证 森林经营》、《中国森林认证 产销监管链》两项行业标准上升为国家标准的报批工作；完成了森林生态环境服务认证标准与审核导则编制，以及生产经营性珍贵稀有濒危物种动物认证等9项标准公共咨询工作。三是完成了吉林汪清和黑龙江新青两个国有林认证试点审核工作，通过了国家认监委的评估；启动了集体林、人工林、非木质林产品等认证试点，对190万公顷森林进行了审核，其中120万公顷森林通过了认证。四是组织培训了53名森林认证审核员，指导认证机构开展能力建设，并向认监委推荐成立三家新的认证机构。五是森林认证产品纳入政府采购政策、森林认证成本效益分析等研究取得阶段性成果。

林业知识产权保护 2012年，知识产权保护进一步加强。一是成立了国家林业局知识产权研究中心，对林业知识产权重大问题系统开展研究，为林业知识产权管理提供支撑。二是开展知识产权宣传周活动，编辑出版了《2011林业知识产权年度报告》。三是建立了重点出口林产品知识产权预警指标体系，发布了《木地板锁扣技术专利分析报告》，完成了《重组材专利技术分析报告》，编辑出版了《世界林业知识产权动态》。四是55家林业知识产权试点单位积极采取措施探索加强知识产权工作的做法和经验，第一批26家试点单位已通过验收。五是组织实施了"环境安全型木塑复合人造板及工程材料"等5项林业专利技术产业化推进项目，带动了林业产业转型升级。

智力引进 2012年，林业领域智力引进取得新进展。一是派出出国（境）培训团组7个，培训人员115人，比2011年增长30.68%。二是积极组织申报引进国外人才项目，获批20项引进国外技术、管理人才项目，4项引智示范基地项目和1项高端外国专家项目，引进我国林业急需的国外高级人才27名。三是修改完善了《引智出国（境）组团规程》，加强了引智基地建设，促进引智成果的宣传和共享，扩大了林业引智的影响。

（七）林业教育

招生 2012年，全国普通高等林业院校招收研究生和其他高等学校、科研单位招收林科研究生共9 218人，比2011年增加30.71%；其中林业学科博士、硕士研究生招生5 173人，比2011年增加22.64%。全国普通高等林业院校招收本专科生和其他高等学校林科招收本专科生共77 732人，比2011年增加23.63%，其中林科专业本专科招生35 352人，比2011年下降14.21%。全国中等林业(园林)学校和其他中等职业教育（林科）招生67 276人，比2011年下降28.52%。

毕业生 2012年，全国普通高等林业院校和其他高等学校、科研单位林科专业博、硕士毕业生8 454人，比2011年增长52.21%；其中，林业学科博士、硕士毕业生5 261人，比2011年增长45.21%。全国普通高等林业院校和其他高等学校（林科）普通本专科毕业生70 329人，比2011年增长26.69%；其中，林科专业本专科毕业生49 435人，比2011年增长41.79%。全国中等林业(园林)学校和其他中等职业教育（林科）毕业生60 929人，比2011年增长17.94%。

教育、教学改革及成果 一是教育部颁布了《关于全面提高高等教育质量的若干意见》，要求加强农林等行业高校建设，相关教育政策继续向林业等行业倾斜。二是国家对具有研究生培养和学位授予资格的一级学科进行评估，普通高等林业院校的林学、林业工程、风景园林学专业在一级学科评估中排名前列，生物学、农林经济管理、生态学三个专业在一级学科评估中也取得较好成绩；国家林业局与内蒙古等4个省（自治区）签署协议，合作共建内蒙古农业大学等4所大学，引导和支持涉林院校强化林业学科建设、人才培养和科技支撑。三是重新组建了全国林业职业教育教学指导委员会；评选出辽宁林业职业技术学院的森林资源调查与监测实训基地等6个国家林业局高职教育示范性实训基地；编制了现代林业技术等6个中职教育林业类专业教学标准；编写了高职教育园林类专业教材提纲，修订了森林资源类专业、生态环境类专业、林业工程类专业相关课程教学基本要求。四是实施卓越农林人才等教育培养计划，2所普通高等林业院校的8个项目纳入国家2012年度“本科教学工程”，获得1 400万元的财政经费资助。

行业培训与人才开发 2012年，林业干部培训工作稳步推进。一是组织开展了国家林业局司、处级干部任职培训、公务员岗位培训、新录用人员初任培训，组织干部参与自主选学、网络培训等活动，培训人员1 600人次，提升了干部履职能力。二是组织地方县级领导干部专题研究、专业技术人员高级研修等干部培训，共培训近17 000人次。三是开展全国党员干部现代远程教育林业专题教材制播工作，制作了《林下经济财富宝典》等系列专题片、52期林业专题教材，向中组部报送171个课件计2 940分钟林业节目。四是组织开展了林业干部教育培训工作系列宣传报道；加强干部培训师资队伍建设，3名林业专家入选全国干部教育培训师资库。

2012年，林业职业技能鉴定工作稳步发展，共有41 392人次通过林业行业职业技能鉴定考核，比2011年增长8.60%。其中获得高级及以上(技师、高级技师)证书的25 705人次，比2011年增加5.21%。

（八）林业工作站

2012年，全国林业工作站（以下简称林业站）完成基本建设投资68 104万元，与2011年基本持平。其中，国家投资15 007万元，地方配套53 097万元。全国新建乡镇林业站340个，1 206个林业站新建了办公用房，715个站新配备了通讯设备，997个站新配备了机动交通工具。

截至2012年年底，全国有地级林业站253个，管理人员2 478人，与2011年相比，地级林业站减少29个，管理人员增加5人。有县级林业站2 052个，管理人员21 323人，县级林业站增加43个，管理人员增加471人。全国共建立乡镇林业站27 772个，其中，管理体制为县级林业主管部门派出机构的站有8 794个，占总站数的31.66%；县、乡双重管理的站有6 237个，占22.46%；乡镇管理的站12 741个，占45.88%。与2011年相比，全国乡镇林业站数量减少171个，派出机构的比例下降2.38%，双重管理的比例下降2.54%，乡镇管理的比例增长5.02%。全国乡镇林业站核定编制111 060人，现有在岗职工127 954人，其中，长期职工123 682人。与2011年相比，核定编制数减少5 862人，在岗职工人数减少1 360人，长期职工减少2 924人。在在岗职工中，经费渠道为财政全额的99 471人，财政差额的9 855人，林业经费的8 889人，自收自支的9 739人，分别占在岗人数总数的77.74%、7.70%、6.95%和占7.61%。在长期职工中，大专以上学历62 257人，占50.34%，比2011年增长1.75%；中专、高中学历51 879人，占41.95%，比2011年减少2.20%；初中以下文化程度9 546人，占7.72%，比2011年增长0.45%。全国完成林业站站长培训19 016人，比2011年增长19.24%；站员培训52 530人，比2011年增长9.98%；完成站长能力测试6 741人。林业站职工参加林业大中专班、农广校中专班、专业证书班毕业生人数为2 701人，在校生人数为2 621人，新入学人数为971人。

2012年，全国林业站工作稳步推进。一是全年共指导组织完成造林面积378万公顷，指导组织完成封山育林面积143万公顷，四旁植树20亿株，育苗面积41万公顷，抚育作业面积714万公顷，森林病虫鼠害防治面积557万公顷，采伐设计面积128万公顷。二是建立科技示范基地77.4万公顷，推广面积153.5万公顷。三是受理林政案件近10.1万件，参与调处林权纠纷6.5万件，受理林业承包合同纠纷2.1万件。全国共有13 448个林业站受上级林业主管部门的委托行使林业行政执法权，占总站数的48.42%，有10 546个林业站加挂了野生动植物保护管理站牌，占总站数的37.97%；有952个林业站加挂了林业仲裁委员会牌。四是选择了127个县（市、区）开展了林业重点工程区林业站建设重点县工作；选取140个乡镇林业站开展了标准化林业站建设试点工作。

（九）国有林场

截至2012年年底，全国有国有林场4 855处，经营面积0.767亿公顷，其中林业用地面积0.58亿公顷，森林面积0.45亿公顷，森林蓄积量23.91亿立方米，分别约占全国林业用地面积、森林面积和森林蓄积量的18.96%、23.02%和16.03%。在0.58亿公顷的林业用地总面积中，公益林面积0.41亿公顷，其中国家重点公益林0.27亿公顷，2 465个国有林场纳入了中央森林生态效益补偿范围。国有林场共有职工总数75万人，其中在岗48万人，离退休27万人。2012年国有林场职工实发工资总额58.2亿元，拖欠包括退休金、医药费在内的费用54.5亿元。在岗职工人年均工资13 664元，离退休职工养老金人年均16 247元，分别比2011年增长14.19%和11.99%。

截至2012年年底，全国国有林场总资产1 023.3亿元，其中，流动资产273.1亿元，固定资产和林木资产的非流动资产750.2亿元；总负债427.3元，其中流动负债332.9亿元，非流动负债94.4亿元。

2012年，各级政府投入国有林场资金153亿元，其中，基本建设投资33.9亿元，财政投入119.1亿元。国有林场总收入183.3亿元，比2011年增长24.36%；其中营业总收入148.1亿元，比2011年增长11.98%；营业外收入35.2亿元，比2011年增长69.23%。2012年国有林场营业总成本166.4亿元，比2011年增长19.80%。以木材采伐的种植业是国有林场营业收入与利润主要的组成部分，全年种植业营业总收入101.3亿元；非林木产业发展较快，实现营业收入28.1亿元。

2012年，国有林场工作有序推进。一是中央财政安排12亿元资金，支持湖南、江西等地国有林场改革试点。二是安排国有林场扶贫资金3.2亿元，扶持28个省（自治区、直辖市）的720个国有贫困林场，共752个项目。其中，用于支持基础设施建设项目634个，资金25 952万元；种植业、养殖业等生产发展项目118个，资金5 632万元；培训林场职工560人次，资金96万元。三是中央财政安排危旧房改造资金9.5亿元，改造国有林场危旧房9.5万户。四是国务院批复了《全国农村饮水安全工程“十二五”规划》，国有林场319万职工饮水困难问题有望得到解决；交通部已安排资金近10亿元支持纳入农村公路建设规划范围国有林场道路建设。

（十）森林公园

截至2012年年底，森林公园总数达2 855处（含国家级森林旅游区1处），面积1 738.21万公顷，其中国家级森林公园765处，面积1 205.11万公顷。

2012年，森林公园管理加强。一是《森林公园条例》起草工作正式启动，完成了初步意见征求和修改；《国家级森林公园总体规划规范》（LY/T2005－2012）自2012年7月1日起正式施行。截至2012年年底，有11个省（自治区、直辖市）出台了省级森林公园专项法规。二是基础设施条件持续改善。共投入建设资金430多亿元，其中340亿元来自招商引资。截至2012年年底，森林公园共拥有游步道6.42万千米，旅游车船3.36万台（艘），接待床位78.31万张，餐位141.49万个，职工总人数达16万人。三是资源保护工作不断强化。共投入47.99亿元专门用于资源保护和培育，全年新营造风景林11.25万公顷，改造林相17.14万公顷。四是生态文化传播作用突出。6处森林公园被确定为“国家生态文明教育基地”。五是公共休闲社会效益明显。多个省市推出森林供应年票，为公共休闲提供优惠和便利。据统计，享受到公园公共休闲服务的游客达1.42亿次，占当年游客总人数的25.99%。六是国家花木专业园建设发展迅速。2012年，洛阳国家牡丹园、鄢陵国家花木博览园和邳州国家银杏博览园共投入建设资金4 090万元。

（十一）林业信息化建设

2012年，林业信息化加快推进基础建设，全面提升服务水平，林业信息化工作取得新成就。

加快推进基础建设 一是开发建设新的数据库。研究建设中国林业数据库和中国林业数字图书馆，制作全国林业系统电子通讯录。二是完善基础设施。国家林业局互联网出口带宽由100兆扩容至200兆；各省（自治区、直辖市）也加大了资金投入用于升级出口带宽、改造中心机房等建设。三是升级了应用系统。扩大京外直属单位办公自动化系统，建立林业综合办公系统群，逐步推行电子签章，提升了办公自动化建设应用管理水平。

全面加强网站群建设 一是积极扩大网站规模。中国林业网站群规模进一步扩大，新建国有林场、森林公园、种苗基地、自然保护区子站1 000个。整合全国市、县级林业门户网站，打造林业系统国家、省、市、县四级网站群。二是大幅提升网站服务功能。中国林业网发布各类政务信息30万余条，每日信息发布量突破100万字，每日访问量突破100万人次，总访问量突破7亿人次；国家林业局办公网信息发布量突破100万条，访问量突破100万人次。中国林业网在部委网站绩效排名中跃升至第四名，取得历史性突破，荣获了中国最具有影响力政府网站称号，以及运维管理奖、精品栏目奖等。三是大力加强评测评估工作。积极开展全国林业信息化发展水平评测和全国林业网站绩效评估工作。四是大力弘扬网络生态文化。积极开展“信息改变林业”网络故事征文大赛、全国林业信息化十件大事等专题活动。

深入推进应用工程 一是向资源监管领域拓展。完成林业资源综合监管服务体系试点建设项目，开发了森林资源监管、湿地资源监管、荒漠化资源监管等4个子系统，扩建了林业信息化基础平台，“全国林业一张图”取得重大进展。二是向林业监测领域拓展。启动实施了国家卫星林业遥感数据应用平台建设项目，实现了林业各监测专题的遥感信息及平台共享，并与国家林业局现有的信息等进行整合，提高林业监测效率。三是向综合服务领域拓展。推进“金林工程”、北斗示范应用等项目的审批立项。

着力做好安全运维管理 一是推进运维精细化管理。完善了国家林业局运维平台的核心功能及运维工具，规范了运维体系，建立了备件库。二是加强网络信息安全。召开了全国林业信息安全工作电视电话会议；开展了林业系统信息安全、等级保护工作监督检查；启动了国家林业局内外网安全等级保护建设项目；完成了全行业信息安全等级保护综合管理系统建设。三是建立健全了应急机制。建立适用于信息安全要求的运维体系和应急保障体系。四是推进国家林业局信息资源“统一平台”。将森林防火信息指挥系统、全国木材运输管理系统、森林合理年采伐量测算系统、沙尘暴应急处置平台等安装至中心机房，纳入统一平台进行管理。

重点推动示范建设 一是强化示范省典型带动。各地利用建设林业信息化示范省的契机，推出了一系列国内领先的示范成果。二是开展示范市、县建设工作。河北省张家口等25个市，天津市蓟县等50个县成为首批全国林业信息化示范市和示范县，示范主题涵盖了新技术应用、数字平台建设、政务平台建设等多个方面。

切实强化支撑保障 一是完善管理机制。加强制度建设，研究制定了机房、安全保密等几十项运行维护管理制度和基本管理制度；加强资金管理，印发了《林业信息网络资金管理办法》等制度；加强对外推介，印发了《中国林业信息化发展报告2012》和“中国林业信息化”系列丛书。二是健全组织队伍。组建了中国林业网编辑委员会；各省级林业主管部门不断加强信息化队伍建设，省级林业主管部门中拥有信息化独立机构的已达27家。三是建立全国林业信息化教育基地和培训基地。四是加强发展水平评测和网站绩效评估，准确掌握了各地林业信息化发展水平。

（十二）林业职工队伍

2012年，全国林业系统有各类经济单位45 060个，按单位性质分，企业单位2 271个，事业单位38 525个，机关单位4 264个，分别占各类经济单位总数的5.04%、85.50%和9.46%；按行业分，农林牧渔业37 682个、制造业486个、服务业6 511个、其他行业381个，分别占各类经济单位总数的83.63%、1.08%、14.45%和0.84%。

2012年，林业系统年末职工总人数161.55万人，其中，单位从业人数132.91万人，离开本单位仍保留劳动关系人员28.65万人，分别占年末职工总人数的82.27%和17.73%。在单位从业人数中，在岗职工126.24万人，其他从业人员6.67万人，分别占从业人员总数的94.98%和5.02%。农林牧渔业单位从业人员110.33万人、制造业单位从业人员2.72万人、服务业单位从业人员17.19万人、其他行业单位从业人员2.67万人，占单位从业人员总数的83.01%、2.05%、12.93%和2.01%。

2012年，林业系统在岗职工年平均工资28 105元，离退休人员年平均生活费21 254元。在岗职工年平均工资，农林牧渔业25 495元，制造业21 066元，服务业43 897元，其他行业38 499元。在所有行业在岗职工平均工资中，林业工程技术与规划管理行业最高，达到53 488元，制造业中的木、竹、藤家具制造业最低，只有12 379元。

专栏8 湖南扎实推进森林资源可持续经营管理试点

2011年11月，国家林业局在全国启动了200个单位的森林资源可持续经营管理试点，湖南省浏阳市、绥宁县、华容县、桑植县、资兴市、双牌县、靖州县、洪江市等8县（市）被列为试点县。一年来，湖南省林业厅和各试点县（市）扎实推进试点各项工作，取得突出进展。

一是立即成立试点工作领导小组，由林业厅和县市政府分管领导或主要负责人担任组长，并抽调技术骨干成立办事机构，加强对试点工作的领导、组织和协调。二是多渠道筹措试点工作经费，为试点工作提供资金保障。省林业厅2012年安排试点专项工作经费175万元，部分试点县将试点工作经费纳入县级财政预算，全省实际投入试点工作经费600多万元。三是及时召开试点工作会议部署、发动试点工作，快速启动试点。2012年3月召开了全省森林资源可持续经营管理试点工作会议，随后8个试点分别召开了试点工作动员大会。四是深入开展调查研究，为制定试点方案奠定基础。省林业厅试点领导小组办公室深入试点县（市）召开座谈会，走访农户，与试点县市共同研究试点方案。绥宁、靖州两县在试点调研中，广泛征求人大代表、政协委员、乡镇干部等对试点工作的建议，形成了试点工作的良好氛围。五是反复研究论证，科学制定试点实施方案。在充分调研的基础上，省林业厅和各试点县（市）都制定了试点实施方案。各县（市）的试点实施方案均经县市政府办公会议讨论通过。六是务实开展技术培训和考察活动，为试点工作提供技术支撑与借鉴。省林业厅编写了《森林资源可持续经营管理试点工作资料汇编》，收录了国家和省有关森林资源可持续经营管理试点的文件、方案及技术规程；2012年共举办各类试点培训近40期。七是编制完成县级森林经营规划，为森林科学经营奠定了扎实基础。各试点县（市）成立编制领导小组，筹集工作经费，抽调精干技术力量，明确专人负责，广泛收集资料和征求意见，到2012年12月底，全部编制完成森林经营规划。

在奠定森林可持续经营基础的同时，积极探索长期与近期利益相结合、林农致富与生态保护相结合的森林资源可持续经营管理新模式和新机制。浏阳市重点培育速生丰产林和发展林下经济，选择本地森林经营公司作为森林资源培育示范点，每年完成迹地更新1 800余亩，营造的人工杉木林3年平均高达1.6米以上；选择养殖合作社作为发展林下经济示范户，流转低产林面积3 000多亩，部分低效林分改造种油茶，同时在林地里发展养殖业，对流转的山林进行立体式开发；华容县利用平湖区土地肥沃，大力发展林下经济，开展林菜和林畜模式试点；双牌县重点开展商品林集约经营，选择6户村民集约经营3 000亩速生丰产示范林；桑植县重点发展森林旅游。各县结合自身特色开展试点示范，有利地带动了当地经济的发展和林农自觉发展林下经济的积极性。

专栏9 黑龙江扎实推进林地“一张图”建设

黑龙江省是我国林业大省，林地面积2 453万公顷，占全省土地总面积的54%。省林业厅大力推进林地落界工作，在时间紧、任务重的情况下，精心组织，严格管理，历时一年，区划了156万个图斑，现地验证了17.2万个图斑，于2011年底率先提交了林地落界成果。同时，在国家林业局的支持下，积极开展林地年度变更调查工作。此项工作包括全省13个地市128个县（市、区）、386处国有林场、883个乡（镇），涉及农垦总局、煤炭、铁路等11个行业部门。省林业厅艰苦工作、创新方法保证了调查工作的顺利进行。

高度重视，加强组织领导。黑龙江省林业厅厅长亲自抓林地“一张”图建设及年度更新工作，各林业部门具体抓落实，着力要求组织到位、人员到位、指导到位、检查到位。确定了省林业厅组织、省监测规划院技术支撑、地方林业单位具体实施的逐级负责、上下联动的工作模式，省林业厅和基层单位形成合力，提高了工作效率。

开拓思路，创新技术方法。根据黑龙江省地方基层技术力量和基础工作现实情况，在制定《黑龙江省地方林地年度变更调查技术方案》时，大胆创新，由省监测规划院基于两期遥感影像图对比分判读区划形成全省变化地块矢量图，并按 1 ： 2.5 万比例尺打印后由县级林业技术人员和乡场级林业站人员进行核实和补充，再由省监测规划院将核实和补充数据矢量化录入，既发挥了省监测规划院的技术优势，又将大量外业工作分解到地方单位，保证了工作进度和调查成果质量。

全员培训，全力推进变更调查。细化了国家林业局下发的技术方案和技术标准，开发了林地变更图斑数据采集系统，分级分批开展全员技术培训，全省共投入技术人员 2 000 余人，按统一的技术标准和方法开展变更调查工作。黑龙江省地方共落实林地变化图斑 4.3 万个，验证图斑 3.2 万个，采集图斑属性因子 1.1 万个，客观地将林地变化情况更新到林地“一张图”数据库中。

专栏 10 新疆加大投入力度，促进乡镇林业工作站健康发展

近年来，新疆维吾尔自治区党委、人民政府高度重视乡镇林业站建设，针对林业站存在基础设施落后、人员队伍不稳定、管理体制不顺等问题，在广泛深入调研的基础上，按照“机构不乱、人员不散、网络不断、经费不减”的要求，大力加强乡镇林业站建设，确保林业站职能作用的有效发挥，全区林业站建设得到长足发展。

明确建设原则，统筹建设规划。为突破新疆乡镇林业站的发展瓶颈，2009 年自治区林业厅在调研基础上对乡镇林业站建设提出三条原则：一是管理体制要顺畅，乡镇林业站的机构组成和人员必须统一由林业部门管理；二是建设用地要有保障，乡镇人民政府要无偿划拨 3 ～ 5 亩建设用地，独门独院用于林业站建设；三是配套设施要完善，乡镇人民政府要负责水电等配套基础设施建设。2010 年 3 月，自治区林业厅成立了乡镇林业站基础设施建设领导小组并编制完成《新疆乡镇林业工作站建设规划》，规划于 2011 年 1 月得到自治区人民政府的批复。2011 年 4 月，编制完成《新疆乡镇林业工作站建设实施方案》，全区林业站建设步入了健康发展的快车道。

加大投入，多渠道落实建设资金。根据规划要求，每个乡镇林业站自治区财政投入 30 万元，统一建设建筑面积为 298.48 平方米，外观样式一致的标准化办公用房。为保障林业站建设工作的顺利进行，自治区政府三年划拨 6 000 万元财政资金用于林业站建设；经自治区林业厅与自治区发改委和财政厅沟通，自治区财政每年从森林生态效益补偿资金中提取一部分支持林业站建设；自治区林业厅依托国家林业局安排的林业工作站重点县建设资金，为部分县市拨付办公设备配置资金；项目建设市县为每个乡镇林业工作站投入配套资金 10 万～ 20 万元。2011 年自治区财政投资 5 610 万元，完成对 22 个县（市）的 187 个乡镇林业站进行基础建设；2012 年

再次投资 5 550 万元，完成对 23 个县的 185 个乡镇林业站站房建设。

加强管理，落实扶持政策。为保障林业站建设工作的顺利进行，各地党委和政府从计划立项、土地审批、勘探设计、资金配套、水电暖附属设施建设等方面积极给予支持，坚持不合建、不联建，确保林业站拥有 3 亩以上的院落，大部分县市减免了土地划拨经费。各级林业部门理顺林业站隶属关系，落实人员编制，将人员工资纳入地方财政，同时强化林业站职工培训。

强化制度建设，加强检查指导。为强化乡镇林业站建设和管理，自治区林业厅相继制定了《乡镇林业工作站管理办法》、《乡镇林业工作站建设资金管理办法》和《乡镇林业工作站建设检查验收管理办法》等规章制度。同时自治区林业厅结合每年的春季林业生产督查开展乡镇林业工作站建设进度检查工作，针对林业站建设开展专项调研，重点检查各地林业站建设的选址以及建设情况，确保建设成效。

在各级党委、政府的高度重视下，在林业主管部门的积极工作下，自 2009 年以来，自治区财政累计投入 11 160 万元用于林业站建设，新建林业站站房 372 个，垂直管理的林业站由 2009 年的 80 个提高到 2012 年的 574 个，从占乡镇林业站总数 10% 增长到 71%，林业站职工纳入全额财政人员比例由 2009 年的 90% 提高到 93%。目前，林业站机构队伍稳定、基础设施得到加强、人员素质不断提高、保证了职能作用的发挥。

H P101-110

区域林业

- 东部地区
- 中部地区
- 西部地区
- 东北地区

区域林业

我国幅员辽阔，各区域的自然历史条件差异较大，资源禀赋和经济、社会发展不均衡，致使我国的林业发展呈现出明显的区域性特征，各区域的林业发展各具特色。东部地区生态状况总体良好，林业经济实力最强，产业结构最为完善，林业产出效益最高，职工收入水平较高，是我国重要的林业经济发展优势区域，但该区日益增长的生态需求与有限的生态供给的矛盾仍然存在，生态建设工作不容松懈；中部地区生态建设成果巩固任务较为繁重，产业发展潜力巨大，林业产业发展持续增速，产业结构持续优化；西部地区生态建设与保护形势依然严峻，林业经济总体产出水平较低，但林下经济发展颇具特色和竞争力，职工收入水平持续提高；东北地区生态保护工作取得成效，木材产量持续调减，花卉产业、林业旅游和休闲产业持续发展，职工收入水平有待提高。总体而言，各区域的地区差异有所缩小。

（一）东部地区

东部地区包括北京、天津、河北、山东、上海、江苏、浙江、福建、广东、海南10个省（直辖市）。该区经济实力雄厚，人口众多，林业发展的自然、经济基础较好，生态状况良好，林业产业较为发达，林业发展态势较好，集体林业占据主要地位，是我国重要的林产品生产基地，是我国重要的林业经济发展优势区域。

1. 区域生态总体状况良好，生态建设工作取得成效

2012年，区内林地面积4 163.85万公顷，占全国的13.61%；森林面积3 248.95万公顷，占全国的16.62%；森林蓄积量为12.27亿立方米，占全国的8.94%；活立木总蓄积量为13.84亿立方米，占全国的9.28%；湿地总面积802.13万公顷，占全国湿地总面积的20.84%；区内森林覆盖率为35.68%；区内生态总体良好为该区经济快速发展奠定了坚实的基础。同时，人均林地面积仅为0.08公顷，为各区最低，日益增长的生态需求与有限的生态供给的矛盾仍然存在。

2012年，区内共完成造林面积87.71万公顷，占全国造林总面积的15.67%，造林规模比2011年减少10.61%，其中人工造林73.61万公顷、重点工程造林总面积32.52万公顷，占该区总造林面积37.08%。

2012年，区内有自然保护区541个，占全国的25.16%；面积为417.85万公顷，占全国的3.35%。区内共有林业系统森林公园1 252处，森林公园总面积297.08万公顷，分别占全国的43.85%和17.09%。

2012年，森林火灾和森林病虫鼠害防治工作取得成效。区内共发生森林火灾452次，比2011年明显减少了871次，占全国的11.40%；森林火灾发生率为0.14

次/万公顷，低于全国平均的火灾发生率0.20次/万公顷；火灾受害率0.07‰，比2011年显著减轻。区内森林病虫鼠害发生面积187.85万公顷，占全国的15.96%；森林病虫鼠害发生率为5.05%；森林病虫鼠害防治率72.79%。与2011年相比，发生率和防治率基本持平。生态建设成果巩固工作不容松懈。

2. 林业产业持续高速发展，产业结构不断升级

2012年，区内林业产业总产值为20 538.51亿元，比2011年增长32.12%，占全国林业产业总产值的52.06%。林地产出率为20 828元/公顷，是全国平均水平的2.33倍。

2012年，区内林业旅游与休闲产业收入增长迅猛，共接待旅游人数7.61亿人次，比2011年增长了41.06%，占全国的51.36%；实现旅游收入1 597.28亿元，比2011年增长了2倍，占全国的45.34%；直接带动其他产业产值1 032.98亿元。

区内木材产量2 424.16万立方米，比2011年增加了10.60%；竹材产量86 908万根，比2011年增加了10.59%，占全国的52.86%；区内生产锯材2 044. 14万立方米，比2011年明显增长了39.32%；人造板13 855.40万立方米；木竹地板38 959.36万平方米；三者分别占全国的36.71%、62.03%和64.47%。表明该区林业产业发达，单位森林面积产出能力较强，在全国占有举足轻重的地位。

2012年，区内经济林总面积676.22万公顷，占全国的33.13%。区内油茶林面积41.94万公顷，占全国的11.99%；区内生产各类经济林产品总量5 625.22万吨，其中水果和干果产量分别为5 073.14万吨和295.37万吨，分别占全国总产量的39.48%、41.49%和29.92%；林产调料产品、森林食品和林产工业原料产品产量分别占全国的20.09%、29.32%和19.71%，经济林产品的产出水平比较高，林下经济较为发达。

2012年，区内年末实有花卉种植面积48.45万平方米；区内共有花卉市场1 399个；花卉企业28 618个；花农59.45万户；花卉从业人员215.76万人。各项指标分别占全国的49.99%、33.05%、65.52%、45.91%和46.62%，该区系我国花卉产业的主要聚集优势区域。

林业三次产业结构比由2011年的26.5∶68.5∶5.0调整为25.2∶65.3∶9.5；第一、第二产业比例继续下降，第三产业实力进一步增强，林业产业结构持续升级。

3. 非公有制林业经济主体投资比重大，单位林地面积投资额较高

2012年，区内完成林业投资952.93亿元，占全国总投资额的28.51%，比2011年增长了41.71%，其中国家投资占30.46%。地方非公有制林业经济主体的投资比重较大。

区内每单位林地面积投资额为2 288.58元/公顷，系全国平均水平的2.09倍；单位造林面积投资额为3.76万元/公顷，是全国平均投资水平1.52万元/公顷的2.47倍，单位投资额位居各区之首。

区内林业系统从业人员17.02万人，占全国的12.81%；该区的林业在岗职工年平均工资居各区域首位，为38 685元，是全国林业职工平均水平的1.38倍。

（二）中部地区

中部地区包括山西、河南、湖北、湖南、江西、安徽6个省。该区域是我国主要的集体林区省份，林业产业较为发达，作为东部与西部的过渡地带，此区域的林业表现出较强的发展潜力。

1. 林业主要灾害发生仍偏重，生态建设成果巩固任务较为繁重

2012年，区内林地面积4 807.14万公顷，占全国的15.71%；森林面积3 418.39万公顷，占全国的17.49%；森林蓄积量为12.97亿立方米，占全国的9.45%；活立木总蓄积量为14.95亿立方米，占全国的10.03%；湿地总面积493.09万公顷，占全国湿地总面积的12.81%；区内森林覆盖率为33.30%。

区内共完成造林面积131.64万公顷，占全国造林总面积的23.52%，其中人工造林96.71万公顷。其中重点工程造林总面积45.27万公顷，占该区总造林面积34.39%。

2012年，区内共有自然保护区551个，占全国的25.63%，面积为543.74万公顷，占全国的4.35%。区内共有林业系统森林公园687处，森林公园总面积237.43万公顷，分别占全国的24.06%和13.66%。

2012年，区内共发生森林火灾1 782次，比2011年明显减少了664次，但仍高占全国的44.93%，森林火灾偏重发生；森林火灾发生率为0.52次/万公顷，是全国平均火灾发生率的2倍多；火灾受害率0.17‰，是全国平均火灾受害率0.07‰的2.4倍，预防和控制森林火灾的任务依然艰巨。区内发生森林病虫鼠害面积208.63万公顷，占全国的17.73%；森林病虫鼠害发生率为5.39%，位居全国之首；森林病虫鼠害防治率73.24%。林业主要灾害在这一地区仍较为严重，生态建设成果巩固任务较为繁重。

2. 林地产出水平不断提高，产业发展特色较为突出

2012年，区内林业产业总产值为7 621.26亿元，比2011年增长26.81%，占全国林业产业总产值的19.32%。林地产出率为11 936元/公顷，是全国平均水平的1.34倍。

区内林业旅游与休闲产业有所发展，共接待旅游人数2.70亿人次，比2011年增长24.42%；实现旅游收入896.19亿元，比2011年增长39.48%；直接带动其他产业产值3 191.71亿元，与2011年相比增长了95.53%，产业发展的带动效应尤为显著。

区内木材产量1 798.70万立方米，占全国的22%；区内竹材产量29 578万根，占全国的17.99%；区内生产锯材1 043.13万立方米，人造板3 923.97万立方米，木竹地板12 056.56万平方米，三者分别占全国的18.73%、17.57%

和19.95%。

2012年，区内经济林总面积487.58万公顷，占全国的23.89%。区内油茶林面积242.30万公顷，占全国的69.25%；区内生产各类经济林产品总量2 982.69万吨，其中水果和干果产量分别为2 455.36万吨和212.99万吨，分别占全国总产量的20.93%、20.08%和21.57%。木本油料和木本药材产品占全国总产量的72.55%和34.37%。木本油料和木本药材种植成为这一区域的特色和优势。中部地区用占全国17.49%的森林面积产出了占全国20%～30%的各类林产品，该区的林业产业整体水平较强且颇具发展潜力，在全国占有重要的地位。

2012年，区内花卉种植面积23.61万公顷，共有花卉市场1 677个，占全国的39.87%；花卉企业8 048家；花农29.95万户；花卉从业人员127.09万人，占全国的27.46%，花卉产业发展仅次于东部地区。

林业三次产业结构比由2011年的42.1∶41.8∶16.1调整为41.8∶40.8∶17.4；区内林业第一、二产业所占比重进一步降低，第三产业比重持续上升，产业结构持续优化。

3. 林业投资渠道多元化，单位林地投资水平仍待提高

2012年，区内完成林业投资502.72亿元，占全国总投资额的15.04%，比2011年增长了25.61%，其中国家投资占31.53%，其他投资占68.47%，林业投资渠道多元化，非公有制社会资本投资林业建设的积极性较高。

区单位林地面积投资额为1 045.77元/公顷，单位造林面积投资额为1.40万元/公顷，与全国平均水平基本持平，但与东部地区相比仍有较大差距。

2012年，区内林业系统从业人员22.80万人，占全国的17.15%；林业在岗职工年平均工资较低，仅为24 254元，系全国平均水平的86.30%，在岗职工平均工资比2011年增加了3 276元，增幅为15.62%。

（三）西部地区

西部地区包括内蒙古、广西、重庆、四川、贵州、云南、西藏、陕西、甘肃、青海、宁夏、新疆12个省（自治区、直辖市）。该区地域广阔，国土面积占全国总土地面积的七成，尽管森林资源总量大，但生态环境脆弱，林业经济总量较小，产业结构单一，林业建设与保护的任务艰巨。

1. 重点工程造林为主体，自然保护区建设成绩突出

2012年，区内林地面积17 708.03万公顷，占全国的57.89%；森林面积11 681.29万公顷，占全国的59.77%，其中人工林占18.68%，低于全国水平大约28个百分点；森林蓄积量为82.71亿立方米，占全国的60.28%；活立木总蓄积量为89.29亿立方米，占全国的59.87%；湿地总面积1 879.55万公顷，占全国湿地总面积的48.84%；森林覆盖率为17.05%。

区内共完成造林面积295.18万公顷，占全国造林总面积的52.75%，其中人工造林182.74万公顷。该区以公有制经济造林为主体，其中重点工程造林总面积171.19万公顷，占该区总造林面积57.89%。

2012年，区内的自然保护区个数和面积居各区之首。区内共有自然保护区813个，占全国的37.81%；面积为10 622.77万公顷，占全国自然保护区总面积的85.07%。区内共有林业系统森林公园691处，森林公园总面积737.38万公顷，分别占全国的24.20%和42.42%。

2012年，区内共发生森林火灾1 591次，占全国的40.12%；火灾发生率为0.14次/万公顷，低于全国平均火灾发生率；火灾受害率0.05‰，与2011年基本持平。区内发生森林病虫鼠害面积631.61万公顷，占全国的53.67%；森林病虫鼠害发生率为4.61%；森林病虫鼠害防治率58.75%，与2011年相比，森林病虫鼠害发生面积较大，虽发生率略有下降，防治率略有提升，但该区生态建设与保护形势依然严峻。

2. 林下经济颇具特色，产业结构略有优化

2012年，区内林业产业总产值为7 395.70亿元，比2011年增长28.13%，占全国林业产业总产值的18.75%。林地产出率为3 868元/公顷，仅为全国平均水平的43.30%，为各区域最低，但增幅明显。

区内林业旅游与休闲产业持续发展，共接待旅游人数3.85亿人次，比2011年增长23.40%；实现旅游收入746.44亿元，比2011年增长50.51%。

2012年，区内木材产量3 035.90万立方米，占全国的37.14%；竹材产量47 926万根，占全国的29.15%；区内共生产锯材1 503.28万立方米；人造板3 541.55万立方米；木竹地板1 910.00万平方米，比2011年增长41.76%；上述三者分别占全国的27.00%、15.86%、3.16%。西部地区占有全国59.77%的森林面积却仅为全社会提供了约37%的木材和锯材，单位森林面积的产出能力显著低于东部和中部地区，表明该区的生态地位重要，同时也说明该区林业产业发展的基础薄弱，林业经济实力有待加强。

2012年，区内经济林总面积731.63万公顷，占全国的35.85%。区内油茶林面积65.65万公顷，占全国的18.76%；区内生产各类经济林产品总量4 921.38万吨，其中水果和干果产量4 168.20万吨和干果408.00万吨，分别占全国总产量的34.54%、34.09%和41.32%。林产调料产品、木本药材、林产工业原料分别占全国的72.21%、45.99%和57.06%。该区是我国林副产品的主产区之一，林下经济发展颇具特色和竞争力，林下经济产业大有可为。

2012年，区内共有花卉市场994个；花卉企业5 711个；花农29.96万户；花卉从业人员98.63万人。花卉产业持续发展。

林业三次产业结构比由2011年的51.9∶35.5∶12.6调整为51.0∶35.4∶13.6；区内第一产业产值比重持续下降，第三产业产值比重略有上升，产业结构略有优化。

3. 全国林业固定资产投资的主要区域，职工收入水平持续提高

2012年，区内完成林业投资1 445.94亿元，占全国总投资额的43.26%，比2011年增长了27.36%，其中国家投资占36.39%。西部地区仍是国家林业投资的重点区域。

该区单位林地面积投资额为816.55元/公顷，系全国平均水平的74.73%；单位造林面积投资额为7 198.61元/公顷，仅为全国平均水平的47.36%，单位投资额为各区最低。

2012年，区内林业系统从业人员40.77万人，占全国的30.67%；区内的林业在岗职工年平均工资较高，为32 372元，略高于全国平均水平，居四大地区第二位。

（四）东北地区

东北地区包括辽宁、吉林、黑龙江3个省。土地面积约为国土面积的一成，但是作为我国历史悠久的林业基地，此区域的森林资源和林业发展在全国范围内具有举足轻重的作用。林业区位熵指数为1.02，林业专业化程度和林业产业集中度为各区最高。国有林区135个森工局有82个分布在该区，国有经济比重较高。

1. 公有制经济造林作用突出，生态保护工作取得成效

2012年，区内林地面积3 699.17万公顷，占全国的12.09%；森林面积3 175.52万公顷，占全国的16.25%；森林蓄积量为25.67亿立方米，占全国的18.71%；活立木总蓄积量为27.46亿立方米，占全国的18.41%；湿地总面积673.78万公顷，占全国湿地总面积的17.51%；森林覆盖率为40.22%，为四大区域中最高。

区内共完成造林面积43.71万公顷，占全国造林总面积的7.81%，其中人工造林27.68万公顷。其中重点工程造林总面积25.08万公顷，占该区总造林面积57.38%。

2012年，区内共有自然保护区245个，占全国的11.40%；面积为902.15万公顷，占全国的7.22%。区内共有林业系统森林公园225处，森林公园总面积466.32万公顷，分别占全国的7.88%和26.83%。

2012年，区内共发生森林火灾141次，占全国的3.56%；森林火灾发生率为0.04次/万公顷，远低于全国平均火灾发生率；火灾受害率0.01‰，均为各区域最低，森林火灾的预防和控制成效显著。区内发生森林病虫鼠害面积148.81万公顷，占全国的12.64%；森林病虫鼠害发生率为3.38%；森林病虫鼠害防治率81.97%，与2011年相比，发生率略有下降，生态保护工作取得成效。

2. 木材产量持续调减，森林食品产量干重占全国总产量的三分之一强

2012年，区内林业产业总产值为3 895.43亿元，比2011年增长19.15%，占全国林业产业总产值的9.87%。林地产出率为5 832元/公顷，与2011年相比有所提升，但仍仅为全国平均水平的65.29%，林业产出能力仍有较大提升空间。

区内林业旅游与休闲产业持续发展，共接待旅游人数0.66亿人次，比2011年增长19.67%；实现旅游收入282.64亿元，比2011年增长38.97%。

2012年，该区的木材产量进一步调减，区内木材产量916.10万立方米，占全国的11.21%。区内共生产锯材977.64万立方米，人造板1 014.87万立方米，木竹地板7 504.62万平方米；上述三者分别占全国的17.56%、4.54%、12.42%。

2012年，区内经济林总面积145.57万公顷，占全国的7.13%。区内生产各类经济林产品总量720.02万吨，其中水果和干果产量分别为530.05万吨和70.96万吨，分别占全国总产量的5.05%、4.34%和7.19%。该区森林食品干重占全国总产量的36.32%，是我国森林食品的主产区。

区内花卉产业持续发展，共有花卉市场163个；花农10.12万户；花卉从业人员21.33万人。

林业三次产业结构比由2011年的42.9：45.1：12.0调整为41.7：44.8：13.5，第三产业比重有所提高，产业结构有所提升。

3．国家投资占主导，职工收入水平较低

2012年，区内完成林业投资430.87亿元，占全国总投资额的12.89%，其中国家投资占61.12%。国家林业公共财政投资力度较大。

该区单位林地面积投资额为1 164.79元/公顷，与全国平均水平基本持平；单位造林面积投资额为2.09万元/公顷，系全国平均投资水平的1.37倍。

2012年，区内林业系统从业人员51.47万人，占全国的38.72%；该区的林业在岗职工年平均工资为22 154元，是全国平均水平的78.83%，为各区最低。

全国各区林业发展情况比较见表1和图20。

表1　各区域林业发展情况比较

指　标	全　国	东部地区	中部地区	西部地区	东北地区
森林覆盖率（%）	20.36	35.68	33.30	17.05	40.22
人均造林面积（公顷/万人）	41.33	17.04	36.64	81.03	39.84
人均林地面积（公顷/人）	0.23	0.08	0.13	0.49	0.34
单位在岗职工创造林业产值（万元/人）	312.51	1 302.10	365.34	193.55	77.03
林地产出率（元/公顷）①	8 933	20 828	11 936	3 868	5 832
林业系统在岗职工年平均工资（元/年）	28 105	38 685	24 254	32 372	22 154
单位造林面积投资额（万元/公顷）	1.52	3.76	1.40	0.72	2.09
林业区位熵（林业专业化程度）②		0.91	0.86	0.85	1.02

注：①林地产出率=（林业第一产业产值+林业旅游与休闲产业产值）/森林面积；
②林业区位熵=（区域林业产业产值/全国林业产业总产值）/（区域GDP/全国GDP）。

图20 各区域人均造林面积、单位森林面积林业产业产值与林业系统在岗职工年平均工资比较

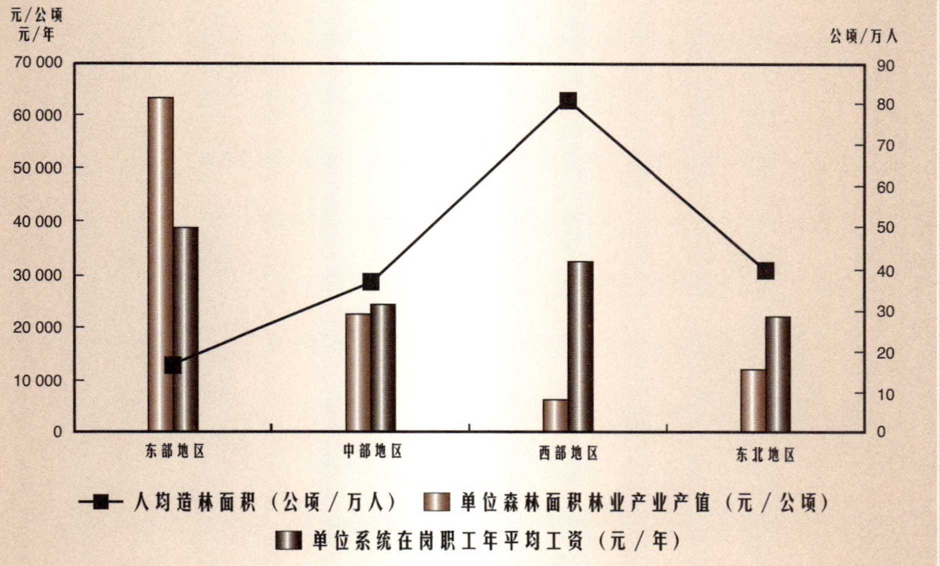

I

P111-120

国际合作与交流

- 经济合作与交流
- 双边部门间合作与交流
- 专项国际合作
- 履行国际公约
- 重要国际会议

国际合作与交流

2012年，国际合作与交流深入开展，在整体外交中的地位进一步显现，国际影响力进一步扩大，在中美战略与经济对话、东盟、东亚峰会、中非合作论坛和东北亚环境次区域合作平台等高层外交中均有林业内容。经济合作与交流领域继续深化，双边部门间合作与交流渠道进一步拓宽，专项国际合作成果丰富，国际履约能力增强，国际影响力提升。

（一）经济合作与交流

2012年，林业经济合作与交流继续深化。一是稳步推进利用欧洲投资银行林业专项贷款，使用欧洲投资银行贷款2.5亿欧元，建设内容涉及森林可持续经营管理、生物质能源、木本粮油及应对气候变化碳汇造林领域。二是争取到德援混合贷款2个项目1 800万欧元、德国援助项目350万欧元、国际热带木材组织无偿援助项目约15万美元。三是举行了中俄森林资源开发利用合作常设工作小组第十次会议，并将对俄三期森林资源合作规划（伊尔库茨克州规划）送交俄方征询意见。对中俄森林资源合作一期、二期规划开展评估工作。四是继续推进境外森林资源合作信息库构建工作，正在建立40个重点国家的森林资源数据库，为政策咨询、资源状况、投资风险评估等方面提供服务。五是国际金融组织贷款项目（世界银行、亚洲开发银行、欧洲投资银行）进展顺利。截至2012年年底，世界银行贷款“林业综合发展项目”营造多功能人工林54 342.5公顷，修复现有人工林18 205.9公顷，修建集水窖417个，项目累计使用世界银行贷款资金2 917.93万美元，配套资金到位28 878.58万元。亚洲开发银行贷款“西北三省（区）林业生态发展项目”共完成项目造林21 670.9公顷，开展国家级培训3次，各级培训累计参与达5 000多人次。欧洲投资银行贷款“内蒙古碳汇造林项目”完成造林18 896.2公顷，完成作业道建设192千米，网围栏建设15.9千米，完成建设投资23 345万元，提款报账800万美元。欧洲投资银行贷款“江西生物质能源林示范项目”完成造林19 065公顷，建设营林林道279.0万米、建设油茶管护棚2 430平方米，采购车辆12辆，开展培训1.7万人次。

（二）双边部门间合作与交流

2012年，双边交流与合作渠道进一步拓宽。一是签署了《中华人民共和国国家林业局与卡塔尔国环境部关于林业、荒漠化防治以及野生动植物保护的谅解备忘录》、《中华人民共和国国家林业局与加拿大公园管理局关于保护地事务合作的谅解备忘录》、《中华人民共和国国家林业局与墨西哥合众国环境和自然资源部关于林业合作的谅解备忘录》3个部门间协议；二是与瑞士联邦环境署签署了《关于加强林业合作的会议纪要》；三是第五次中日韩领导人会议期间，中日韩三国发表了《关于森林可持续经营、荒漠化防治和野生动物保护合作的联合声明》；四是召开了中美打击木材非法采伐及相关贸易论坛第四次会议、中加（加拿大）自然保护联合工作组第一次会议、中尼（尼泊尔）林业工作组第一次会议、中蒙边境防火协定联委会第一次会议、中印（印度）林业工作组第三次会议、中加（加拿大）林业工作组第四次会议、中芬林业工作组第十七次会议、中奥森林可持续经营研讨会、中日韩澳候鸟保护协定会议、中日韩朱鹮保护研讨会10个中外林业工作组会议，确定了几十个合作项目与活动，双边合作向实质性内容发展；五是积极落实国家领导人有关林业走出去的批示，开展了中埃防沙治沙合作调研工作，向马尔代夫输出病虫害生物防治技术和产品，与印度尼西亚分享集体林权改革及社区发展经验；六是对外援助培训项目14个，共计人民币近1 500万元；七是科技合作与交流继续推进，继续实施中国－全球环境基金（GEF）干旱生态系统土地退化伙伴关系框架下的“土地退化防治管理与政策支持”项目，组团参加国际标准化组织林业机械技术委员会全体成员国年会和木材技术委员会成员国年会。

（三）专项国际合作

防治荒漠化国际合作 2012年，防治荒漠化国际合作有序推进，重点工作有突破。一是开展联合国可持续发展峰会成果案文研究，参会谈判，并组织边会；二是参加东北亚荒漠化、土地退化和干旱网络第一届指导委员会会议、东北亚环境合作机制研讨会等，提升了中国的国际影响力和话语权；三是大力推进中非防治荒漠化合作，举办荒漠化防治国际高级研修班，来自非洲法语国家的近30名官员应邀来华研修，组团赴埃与埃农业部进行技术交流座谈与考察，探讨并切实推动在埃援建技术示范中心工作，有力推动了荒漠化防治“南南合作”进程；四是开展双、多边交流和项目执行，接待巴基斯坦防沙治沙考察团，召开中蒙联合治理示范项目国际研讨会，执行中德合作北方荒漠化防治框架项目；五是与联合国粮农组织合作开展对菲律宾和南亚四国的土地退化评估技术培训，有效推动了区域合作；六是积极参与双、多边合作进程，推动与美、日、朝、亚信组织等多个国家和国际组织的林业部门合作，参与合作谈判与协调。

野生动植物保护国际合作 2012年，野生动植物保护国际合作成果丰富。一是积极参与全球打击野生动植物非法交易量国际合作，开展中美主管部门高层对话，参与中美执法联合联络小组会议，与非洲、东南亚、南亚等地国家开展国际执法合作行动和培训与交流。二是专题研究并推进申请东北虎GEF项目，参加第四届中国GEF管理工作会议并修改申请文本。三是与日本、韩国洽谈朱鹮保护合作，并就合作文件文本基本达成一致；赴韩国参加了“中日韩三国朱鹮保护国际合作研讨会”。四是赴印度参加“全球老虎恢复计划执行情况盘点会议”，赴不丹参加“第二届老虎保护亚洲部长级会议”。五是参加“中日、中澳、中韩候鸟保护协定双边工作会议”，就《中俄候鸟及其栖息地保护协议》完成技术层面工作。六是赴韩国参加2012世界自然保护大会，积极应对养熊取胆等国际舆论热点问题。七是开展大熊猫国际合作，批准北京市动物园、中国保护大熊猫研究中心与墨西哥合众国环境部签署了大熊猫科研合作协议，中国野生动物保护协会与马来西亚环境部签署了关于开展大熊猫合作研究的协议。截至2012年年底，我国与日本、美国等10个国家的15个动物园开展了大熊猫合作研究，旅居海外大熊猫及其幼崽共37只。八是组团赴荷兰和英国考察野生植物迁地保护，特别是植物园保护管理情况。九是派团参加中美能源与环境第八次会议，加强中美自然保护区交流与合作，推进“中美保护地十年合作框架”的实施，参加生物多样性保护与生态系统服务政府间平台会议。十是参加“中俄跨界自然保护区与生物多样性保护工作组”第六次会议，促进中俄两国自然保护区交流与合作。十一是参与第31届国际生物联合会会议中的第三届亚太区域野生动物疫源疫病监测防控管理和应用研究专题会议的组织召开。

湿地保护国际合作　2012年，湿地保护国际合作稳步推进。一是中澳、中德、中美等双边合作项目形成重要成果。中澳项目顺利完成。中德项目召开了成果总结会，执行了赴德国、西班牙的考察任务。根据《中美自然议定书附件十一》组织中美互访活动，接待了美国代表团对我国湿地的考察活动。二是推动GEF（全球环境基金）5期项目落实，涉及资金2 600万美元，GEF理事会批准项目框架文件和6个子项目确认表。三是与湿地国际、世界自然基金会等签署了年度备忘录，参加了世界保护联盟第五届世界保护大会，举办了三期香港米埔湿地管理培训班。四是组织举办了长江湿地保护网络年会、中国·双鸭山东北亚湿地生物多样性保护国际论坛。

民间合作与交流　2012年，与国际民间组织的合作与交流不断深化。一是拓展与欧美、亚洲等国民间交流与合作，先后与多、双边合作伙伴就森林可持续经营管理、绿色经济、木材非法采伐及相关贸易等议题，组织召开了多个国际研讨会；二是组织实施“纪念中日邦交正常化40周年友好植树活动”；三是与世界各国林主协会在林农合作组织、森林可持续经营和森林认证等领域开展了交流与合作；四是中日绿化合作新争取到76个项目，援助金额7.6亿日元；五是与世界自然基金会等6个国际非政府组织召开了工作年会，明确合作项目152个，金额3 300万元人民币，合作内容包括湿地与水资源保护、大熊猫及老虎等物种保护、森林可持续经营及森林认证等领域。

亚太森林恢复与可持续管理 2012年，继续大力支持和推动亚太森林恢复与可持续管理组织（以下简称“亚太森林组织”）工作，并取得积极进展。一是为亚太森林组织发展和运行提供资金支持。中方资助500万美元支持亚太森林组织秘书处行政运转，以及亚太区域开展森林恢复与可持续管理的示范项目、政策对话等活动，为亚太森林组织重点工作顺利开展奠定坚实基础。二是借助高层外交平台，扩大组织影响力。通过列入中国代表团在第九届亚欧首脑会议的倡议内容，在老挝实施亚欧森林可持续经营项目的建议写入了《第九届亚欧首脑会议主席声明》。三是稳步推进亚太森林组织国际化。积极参与《亚太森林组织运行章程》的修订工作，19个亚太经济体主管部门和4个国际组织已正式书面确认接受新修订的《亚太森林组织运行章程》。四是积极探索融资机制，增强亚太森林组织资金的可持续性。提交了成立亚太森林组织专项基金的申请材料，基金成立工作引起广泛关注，有单位初步签署了100万元的捐赠意向书。五是巩固发展伙伴关系，推进项目管理工作。积极促成国际热带木材组织加入亚太森林组织指导委员会，墨西哥加入亚太森林组织联络员工作机制；亚太森林组织与联合国粮农组织森林与林场基金、亚太林业研究机构协会签署合作谅解备忘录；成立了亚太森林组织昆明培训中心；举办国际研讨会，与太平洋共同体秘书处、湄公学院建立了合作关系。

（四）履行国际公约

《濒危野生动植物种国际贸易公约》（CITES） 2012年，CITES履约工作成效显著。一是组织召开“部门间CITES执法工作协调小组第二次联席会议”，推动建立地方部门履约执法协调机制，在全国范围内成立15家省级部门间CITES执法工作协调小组。二是下发了《关于破坏野生动物资源刑事案件中涉及的CITES附录I和附录II所列濒危物种及其制品价值核定有关问题的通知》；广泛征求了各地对涉及审理野生动植物刑事案件的两个司法解释的修订意见。三是全面实施“两爬和大宗贸易物种调查监测工作”，开发启用监测动态管理系统；启动“冬虫夏草资源与贸易调查”、“红松贸易评估”、食蟹猴等专项贸易物种的调查和评估工作；组织召开了“沉香物种调查总结会”；稳妥地推进“非致危性判定”的实施工作。四是组织开展《公约》第16次缔约国大会的相关议题准备。妥善处理了龟鳖类、隼类等物种的提案应对工作；开展了对莽山烙铁头蛇、安吉小鲵列入公约附录等提案准备工作。与美国鱼和野生动物局就龟鳖形成联合提案。五是开展了“网上非法交易濒危物种清理活动”、“非法经营利用象牙”等行动，开展清理非法贸易、摆卖等整治工作，执法成果显著，《公约》秘书长向中国“部门间公约执法工作协调小组”授予“CITES秘书长证书”；组织编写“监测非法猎杀大象（MIKE）工作方案”并实施；协调东盟、南盟、东南非野生动植物执法网络等有关组织及国家，积极准备组织亚非20余国开展“眼镜蛇行动”，针对非法贸易大型猫科动物、犀牛等敏感物种开展多国专项执法行动；向《公约》秘书处提交“亚洲大猫保护与贸易控制国家报告”和“大象保护与贸易控制国家报告”。六是与《公约》秘书处联合组织召开了“《公约》电子许可系统建设研讨会”；召开“中国－东盟履约执法对话会”、“非洲野生动植物保护和履约官员研修班”，承办“东盟野生动植物非法贸易特别调查组会议”；组织参加了《公约》第62次CITES常委会、动物委员会议、植物委员会议，重点处理好了大宗贸易回顾、水生物种列入附录标准等重点议题；派员参加“公约执法特别会议”等一系列会议，积极宣传介绍我国履约工作，处理相关问题。七是组团赴肯尼亚、纳米比亚协调立场，并推动与两国开展CITES履约合作；组团赴美进行《中美自然保护议定书》下CITES管理业务交流；派团赴欧盟协调缔约国大会立场；组织赴印度尼西亚、马来西亚开展业务访问活动，对金龙鱼、亚洲龟鳖类等物种管理经验开展考察和履约经验交流；推进与越南、肯尼亚分别签订履约和执法方面的“合作备忘录”。

《联合国防治荒漠化公约》（UNCCD） 2012年，UNCCD履约工作深入开展。一是参加荒漠化公约“十年战略”工作组会议、履约专项研究与区域合作进程。二是积极参加荒漠化公约“土地生命奖”全球申报活动，中国所推荐的项目均入围终选；承办公约亚洲区域媒体会，宣传了中国治沙业绩。三是组织编写并向公约提交了2012年《国家履约报告》，系统、客观、全面地体现中国履约情况。四是举办首届中国－阿拉伯国家防沙治沙合作论坛，促进履约合作。

《湿地公约》（RAMSAR） 2012年，《湿地公约》履约成果丰富。一是2012年7月，参加了《湿地公约》第11届缔约方会议。来自130多个国家、30多个国际组织的近1 000名代表出席了会议。会议围绕“湿地、旅游和休闲”这一主题，重点强调湿地在可持续发展中的重要作用，审议公约行政管理、财政预算等决议草案。我国代表团积极开展多双边高层会晤，深入参与大会磋商和相关活动，妥善处理涉及我国的敏感问题，宣传了湿地保护成果。此外，代表团还出席了公约第44次和45次常委会会议，以及亚洲区域协调会等。二是加强履约部门合作。召开了国家湿地公约履约委员会第五次会议。三是着力提高履约能力建设，组织编印《湿地保护管理手册》，开展履约战略课题研究。

《联合国气候变化框架公约》（UNFCCC） 2012年，UNFCCC履约工作稳步推进。一是2012年11月，《联合国气候变化框架公约》第18次缔约方大会在多哈召开。大会由公约第18次缔约方会议、《京都议定书》第8次缔约方会议、《京都议定书》（简称“议定书”）第二承诺期谈判工作组会议等多个分会组成。会议通过了被称之为“多哈气候之门”的一揽子决定，确保了议定书第二承诺期（2013年1月1日至2020年12月31日）的实施；为落实发达国家2009年在哥本哈根气候变化大会上做出的资金承诺，制定了具体工作计划。各国通过深入交流，深化了对林业在应对气候变化中的独特作用的认识。我国派团参会并阐明了中国的政策主张。二是积极参与IPCC有关报告、指南的编写和评审工作。三是报送林业应对气候变化灰色文献，完成《应对气候变化，中国在行动（2012）》电视宣传片和画册制作，以及《中国应对气候变化的政策与行动2012》编写等工作。四是组织举办了气候变化框架下毁林与土地退化监测和评估南南合作研讨、第三届全球绿色经济财富论坛，推进实施FAO《南亚国家气候变化适应及土地退化评估方法》项目，开展竹林碳汇计量监测方法学埃塞俄比亚与肯尼亚试点。跟踪参与REDD+伙伴关系国际进程，加强双边合作与交流。

国际森林文书（NLBI） 2012年，中国履行《国际森林文书》工作取得积极进展。一是国家林业局启动了履行《国际森林文书》示范单位建设工作。根据不同森林类型、所有制结构等因素，选择了辽宁省清源满族自治县、江西省崇义县等12个单位作为我国第一批履行《国际森林文书》示范单位；二是与联合国粮农组织、联合国森林论坛联合举办了履行《国际森林文书》培训研讨会；三是启动了履行《国际森林文书》战略研究工作；四是参加了“森林合作伙伴森林资金问题倡议会议”、“联合国粮农组织林委会会议”等国际森林问题谈判会议。

《国际植物新品种保护公约》（UPOV） 2012年，UPOV履约深入开展。一是开展了加入《国际植物新品种保护公约》（UPOV）1991年文本研究，加强了对遗传资源获取和惠益分享议定书（ABS）的研究，提出了相关履约对策。二是承担了3项UPOV国际测试标准编制工作，在国际规则制定中争取了更多的话语权。三是派团参加了UPOV、生物安全议定书、名古屋议定书、第五届东亚植物新品种保护论坛等履约会议，以及中瑞、中欧等多边、双边知识产权谈判，阐述中国的立场和政策，维护了国家利益。

（五）重要国际会议

联合国可持续发展大会（简称“里约+20大会”） 2012年6月，联合国可持续发展大会在巴西里约热内卢召开，来自成员国的近130位国家元首和政府首脑出席会议。大会围绕可持续发展和消除贫困背景下的绿色经济以及可持续发展机制框架两大主题进行了深入讨论，最终形成了会议成果文件《我们憧憬的未来》。中国政府派团参会，宣布了包括帮助发展中国家培训加强生态保护和荒漠化治理等领域的管理和技术人员等4项援助举措。组织了“绿色经济背景下的中国林业”主题边会并做了主旨讲话，同时，我国代表团还组织了“迈向绿色经济的中国企业”主题边会并致开幕辞。

大森林论坛2012年年会 2012年10月，大森林论坛2012年年会美国新墨西哥州圣达菲市举行，来自巴西、加拿大、秘鲁等8个国家林业管理机构的近40位代表出席会议。与会代表围绕“21世纪的森林治理：社区、景观和机构”这一主题进行了广泛研讨和深入交流。中国派团参加会议，介绍了中国林业基本情况，并就气候变化背景下的森林资源管理等议题阐述了立场。

联合国粮农组织第21届林委会会议 2012年9月，联合国粮农组织第21届林委会会议（COFO21）暨第三届世界林业周在意大利罗马召开。会议以“森林：人类发展的绿色途径”为主题，重点审议了落实里约+20大会行动建议、粮农组织战略规划、全球森林资源评估长期战略，以及土地利用、农村发展、林业资金、林业政策与治理等林业跨部门问题；会议期间正式发布了《2012年世界森林状况》报告。我国派团出席会议并参与了讨论。

专栏 11 中德合作森林可持续经营与扶贫项目

中德财政合作安徽森林可持续经营与扶贫项目（中德三期项目）总投资为 10 758.6 万元人民币，其中利用德国 KfW 银行贷款 850 万欧元。项目以近自然森林经营理念为指导，通过编制森林经营方案，调整林分结构，提高林分质量，实现可持续经营目的。项目于 2011 年 5 月正式启动，安徽省黟县等 6 个县（市、区）参与项目实施。

2011～2012 年，6 个项目县（市、区）共组建 76 个森林经营单位，完成森林经营合格面积 8 416.95 公顷，修建林道 127 550 米。截至 2012 年 12 月，已使用德方贷款 133.2 万欧元，占计划贷款额的 15.7%。累计筹措配套资金 1 035.2 万元（其中，省级配套 310 万），占计划的 31.6%。

项目启动两年来，实施单位结合当地实际，推进项目实施，在项目执行过程中取得了宝贵的经验。

一是坚持规划充分尊重群众意愿，实行参与式规划方法。项目实施过程中，林农能够充分发表自己的意见，把林农、技术和管理人员紧密联系在一起，优势互补、知识共享、互相启发，最大限度地提高规划的科学性和可操作性。项目在中外专家的指导下，既制定了短期的年度施工操作设计，也着眼中长期制定了项目建设期执行计划和森林可持续经营规划；既有营造林目标，也包含林道、集材道等林区基础设施建设任务，并在施工中严格规划的约束性，又保持结合实际情况变化而调整的灵活性。

二是坚持把生态优先原则贯穿项目建设的全过程。项目大力推广和应用林业先进技术，提倡多林种树种结合、乔灌草配套，防护林必须营造混交林。注重保护原有植被，禁止炼山和全垦整地，严格采取坡改梯、生物带等水土保持措施；注重林区基础设施建设，积极营建林区步道和防火林带，推广生物防治病虫措施，处处体现出提高项目建设的生态效益。

三是坚持探索管理机制、加强管理作为项目实施的重中之重。经过中德双方项目人员的积极努力，探索出适合现代林业工程特点的组织管理、规划管理、工程管理、资金管理、项目监理、信息管理、激励机制、示范推广、人力资源管理、审计保障等"十大机制"，保障了项目成功实施。

四是坚持开展不同层次能力培训作为项目重要内容。项目在安徽省组织了9次较大规模的培训，培训县（市、区）项目办技术、财务人员270多人次；乡镇林业站技术人员、林农培训由县（市、区）项目办和咨询专家在项目现场开展。另外，还组织6个项目县（市、区）林业局财务、技术人员分别赴贵州、宁夏考察学习，项目县（市、区）政府、项目办人员6人赴德国、意大利考察。有力地提升了基层林业技术、管理人员和广大林农发展现代林业的能力。

J

P121-148

林产品市场

- 木材产品市场供给与消费
- 主要林产品价格
- 主要林产品进出口

林产品市场

2012年，林产品贸易市场景气下滑，出口增长6.64%、进口下降5.13%，是除2009年外近10年来出口增速首次回落至个位数和进口的首次负增长；其中木质林产品的出口增速和进口降幅均大于非木质林产品。林产品贸易逆差缩小。木材产品市场总供给（总消费）为49 491.59万立方米，比2011年增长2.88%；其中，国内供给增速低于进口增速，国内需求增幅略高于出口增幅；进出口增长的同时，原木和锯材进口大幅下降，特别是锯材进口下降尚属首次；木家具出口量小幅下降。原木与锯材价格水平表现出总体平稳、波幅收窄。

（一）木材产品市场供给与消费

1. 木材产品供给

木材产品市场供给由国内供给和进口两部分构成（图21）。国内供给包括商品材、农民自用材和农民烧柴、木质纤维板和刨花板（图22）；进口包括进口原木、锯材、单板、人造板、家具、木浆、木片、纸和纸制品、废纸及其他木质林产品。2012年木材产品市场总供给为49 491.59万立方米，比2011年增长2.88%[①]。

商品材　2012年，全国商品材产量为8 174.87万立方米，比2011年增长0.36%；其中，原木产量7 494.37万立方米，比2011年增长0.60%，薪材（不符合原木标准的木材）680.50万立方米，比2011年下降2.27%。

图 21　2003～2012 年木材产品市场总供给变化趋势

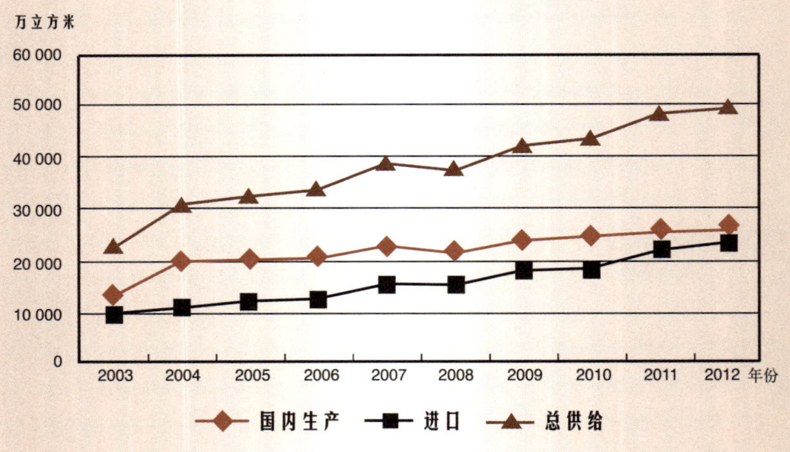

① 2011 年家具（国内消费部分）耗材修正为 6 995.67 万立方米，木材产品实际市场总供给、总需求分别修正为 48 103.99 万立方米和 47 735.53 万立方米。

农民自用材和烧柴 根据测算[①]，2012年农民自用材和烧柴折合木材供给量为3 969.88万立方米，其中农民自用材为1 262.12万立方米，农民烧柴为2 707.76万立方米。

木质纤维板和刨花板 2012年，木质纤维板产量为5 689.80万立方米，比2011年增长3.71%；木质刨花板产量为2 326.29万立方米，比2011年下降7.57%。木质纤维板和刨花板折合木材供给13 731.08万立方米，扣除与薪材产量的重复计算部分，木质纤维板和刨花板相当于净增加木材供给13 629.01万立方米。

进口 2012年，我国木质林产品进口折合木材23 496.70万立方米，其中原木3 789.27万立方米，锯材（含特形材）2 690.16万立方米，单板和人造板249.63万立方米，纸浆及纸类（木浆、纸和纸板、废纸和废纸浆、印刷品）15 207.78万立方米，木片1 364.47万立方米，家具、木制品及木炭195.40万立方米。

其他 2012年，超限额采伐、上年库存等形式形成的木材供给为221.13万立方米。

图 22 2012 年木材产品市场总供给结构

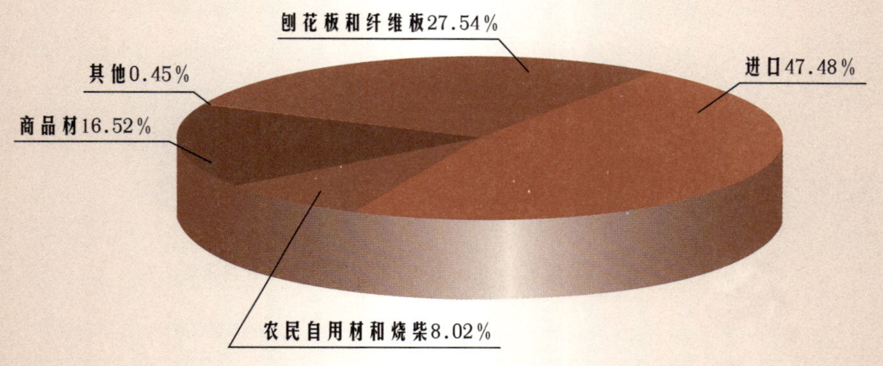

2. 木材产品消费

木材产品市场消费由国内消费和出口两部分构成（图23）。国内消费包括工业与建筑用材消费、农民自用材和烧柴消费（图24）；出口包括出口原木、锯材、单板、人造板、家具、木浆、木片、纸和纸制品、废纸及其他木质林产品。2012年木材产品市场总消费为49 491.59万立方米，比2011年增长3.68%[①]。

工业与建筑用材消费 据国家统计局和有关部门统计，按相关产品木材消耗系数推算，2012年我国建筑业与工业用材折合木材消耗量为37 801.94万立方米，比2011年下降2.84%。其中：建筑业用材（包括装修与装饰）14 347.39万立方

① 根据 2011 年统计产量占实际消耗量的比例推算。

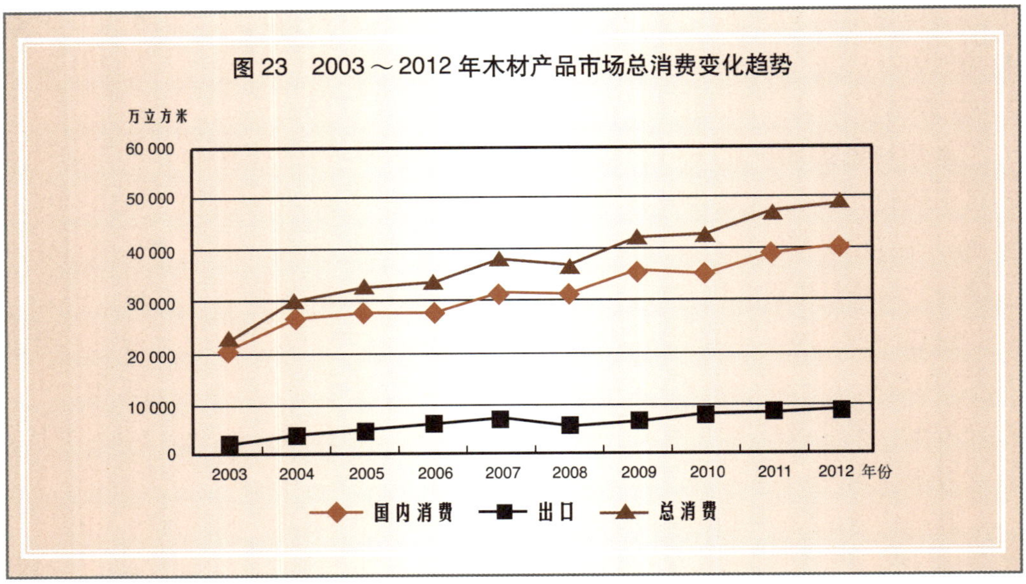

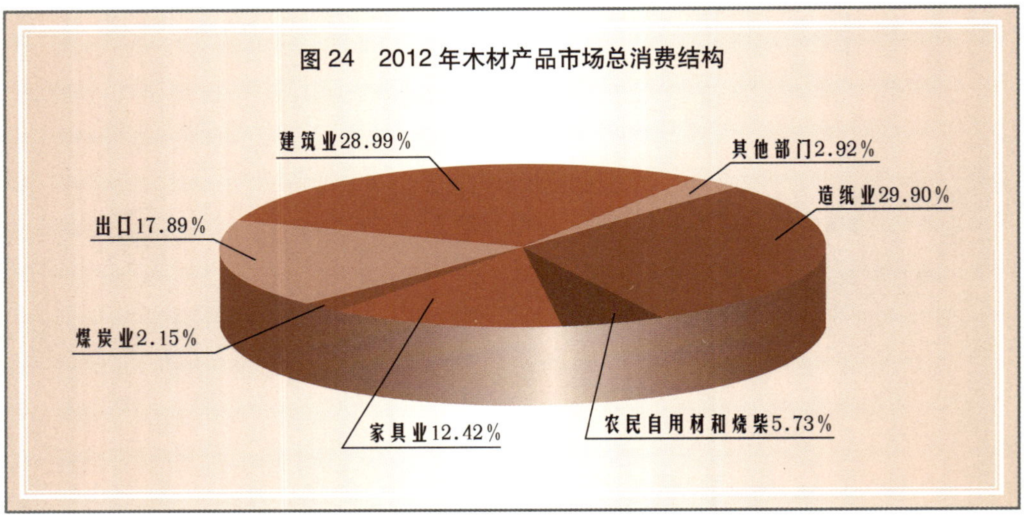

米，比2011年增长12.08%；家具用材（指家具的国内消费部分，出口家具耗材包括在出口项目中）6 148.72万立方米，比2011年下降12.11%；造纸业用材14 796.38万立方米，比2011年增长2.10%；煤炭业用材1 063.91万立方米，比2011年增长0.20%；车船制造、铁路、化工、化纤等其他部门用材1 445.53万立方米，比2011年增长11.09%。

农民自用材和烧柴 根据产量测算，农民自用材消耗量为1 262.12万立方米，农民烧柴消耗量为2 707.76万立方米。由于农民自用材消耗中有很大一部分用于农民建房，约合1 135.91万立方米，扣除这部分与建筑用材消耗的重复计算后，农民自用材和烧柴消耗量为2 833.97万立方米。

出口 2012年，我国木质林产品出口折合木材8 855.68万立方米，其中原木0.36万立方米，锯材116.78万立方米，单板和人造板3 241.58万立方米，纸浆及纸类（木浆、纸和纸板、废纸和废纸浆、印刷品）2 068.34万立方米，家具3 156.90万立方米，木片、木制品和木炭271.72万立方米。

3. 木材产品市场供需的特点

2012年，我国木材产品市场供需的主要特点表现为：木材产品总供求小幅增长，其中国内供给增速明显低于进口增速、国内需求增幅略高于出口增幅；原木与锯材产品总体价格水平在小幅波动中略有上涨。

国内实际供给与进口增长，但国内供给增幅低于进口增幅，木材产品总供给小幅增加 从国内供给看，2012年虽然薪材、农民烧柴、刨花板产量等木材产品产量减少，但占国内主要供给份额的原木和纤维板产量增长，以及对2011年末针叶材高库存的消化，国内木材产品实际供给增长1.03%；从进口看，一方面原木、锯材、人造板、纸和纸板等产品进口下降的同时，单板、木浆、废纸、木片等产品进口量大幅度增长，木材产品进口总量增长5.01%。

国内实际消费和出口增长，且国内消费增幅略高于出口增幅，木材产品总消费小幅扩大 2012年，我国实施房地产调控政策、固定资产投资增速下滑，宏观经济增速回落，但房地产销售呈现回暖态势，建筑用材、造纸用材的需求增长，木材产品国内消费增长3.78%；同时，尽管国际经济复苏缓慢，当年美国经济和欧美房地产市场温和复苏，国际市场对木质林产品的需求有所回升，在主要出口木质林产品中，除家具出口小幅下降外，胶合板、纸和纸板、纤维板等产品的出口量均有较大幅度增长，木材产品出口总规模增长3.21%。

原木与锯材产品总体价格水平在小幅波动中略有上涨 2012年，木材产品（原木与锯材）价格水平表现出总体平稳、小幅波动的特点；进口木材产品价格水平小幅下降的趋势，涨跌幅度分别在2%和4%以内；木材产品市场总体价格水平先跌后涨的趋势，但涨跌幅度较小，除3月与10月外，其他月份的涨跌幅度在2%以内。

（二）主要林产品价格

原木和锯材 根据商务部和中国木材与木制品流通协会发布的木材市场价格综合指数的月度数据，2012年木材（原木和锯材）价格综合指数从年初的100.0%开始回落，4月降至94.4%，然后价格开始持续回升，到8月达到了97.6%，9月又跌至95.8%，之后迅速上升到11月的105.0%，年末回落至104.4%（图25）。从各月环比变化看，3月的跌幅最大，为5.20%；10月的涨幅最大，达8.98%；其他月份的环比涨跌幅度，除7月涨幅为1.04%和9月跌幅为1.84%外，都未超过1%（图26）。

2012年进口木材（原木和锯材）价格综合指数从年初的113.4%回落至2月的109.9%，3月开始回升，至4月达到111.3%，5月又降至107%，6月开始连续回升至8月的109%，从9月开始持续下降至12月的103.9%（图27）。从各月环比变化

图 25　2012 年木材市场价格综合指数

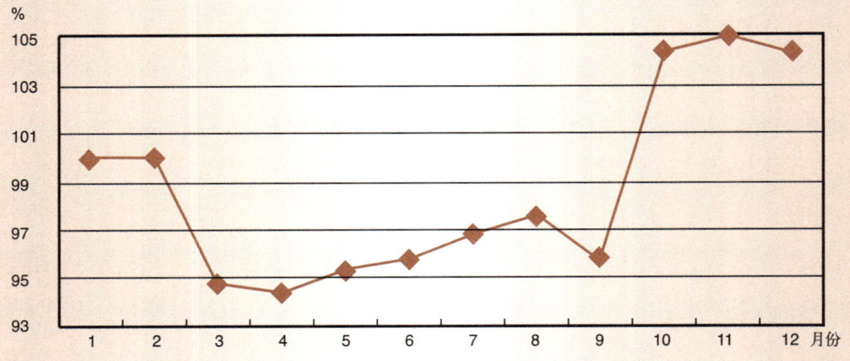

图 26　2012 年木材市场价格环比变化

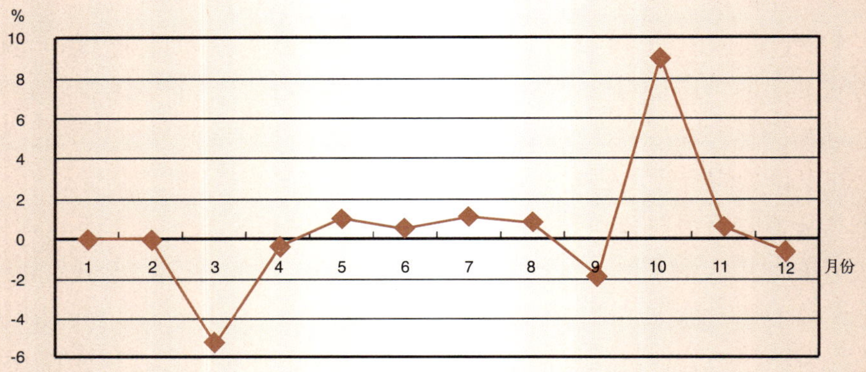

图 27　2012 年进口木材综合价格指数

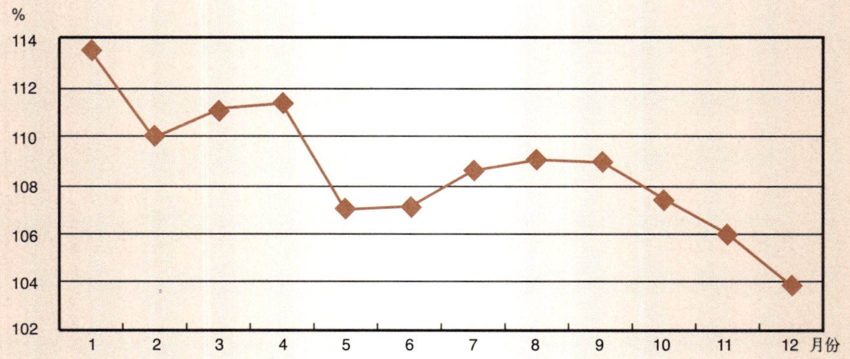

看，除2月和5月的跌幅分别为3.09%和3.86%外，其他月份的环比涨跌幅度均在2%以内（图28）。

水果 根据农业部信息中心发布的月度批发价格数据，2012年，柑橘类、葡萄和桃等水果的价格具有明显的季节波动，苹果和梨的价格相对平稳（图29）。

苹果价格从1月最高点5.72元/千克持续下降到4月的5.24元/千克，5月开始缓慢回升至6月的5.63元/千克，7月开始明显下降，8月降至最低点4.16元/千克，9月开始回升至10月的5.00元/千克，11月开始下降至12月的4.53元/千克。

梨的价格从1月最高点3.66元/千克持续下降到5月的2.88元/千克，此后由6月的3.15元/千克波动下降至最低点8月的2.69元/千克，从9月开始持续回升至12月的3.37元/千克。

柑橘的价格从1月的3.74元/千克波动上涨至6月的4.4元/千克，7月猛涨至最

图 28 2012 年进口木材月度价格环比变化

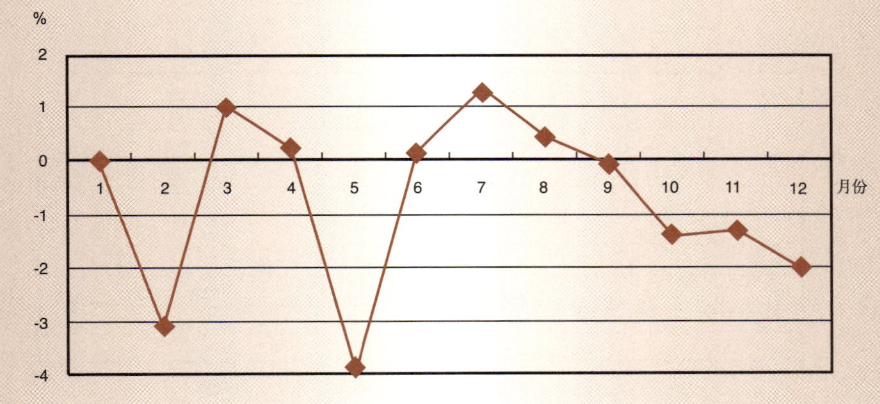

图 29 2012 年大宗水果月度价格变化

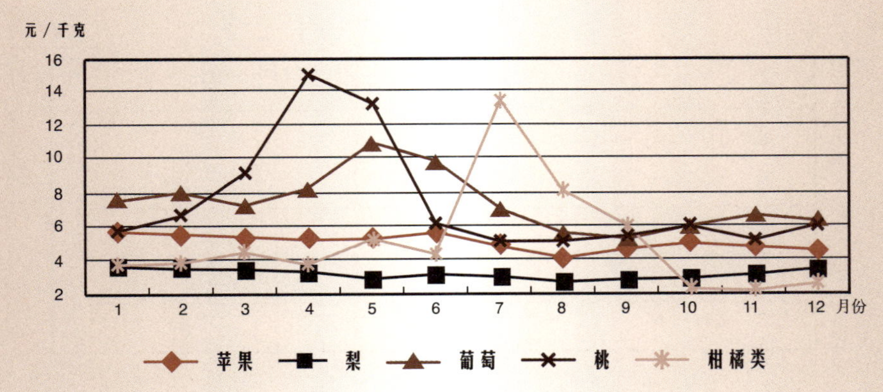

高点13.33元/千克后，急速回落至9月的6元/千克，至10月进一步大幅降至2.31元/千克，此后小幅波动回升到12月的2.58元/千克。

桃的价格从1月的5.73元/千克持续上涨至4月的最高点14.95元/千克，5月开始持续下降至7月的最低点5.05元/千克，随后波动中回升到年末的5.98元/千克。

葡萄的价格从1月的7.6元/千克波动上涨至5月的最高点10.91元/千克，6月开始持续下降至9月的最低点5.25元/千克，随后波动中回升到年末的6.31元/千克。

食用菌和竹笋 根据农业部信息中心发布的月度批发价格数据，2012年，竹笋和木耳的价格具有明显的季节波动，蘑菇价格相对平稳（图30、图31）。

蘑菇价格从1月的7.49元/千克微幅波动下降至4月的最低点7.26元/千克，随后持续快速上涨至8月的最高点11.52元/千克，9月开始连续下降至年末的7.83元/千克。

木耳价格从1月的64.72元/千克波动下降至最低点6月的58.19元/千克，随后快

图30 2012年蘑菇、竹笋月度价格变化

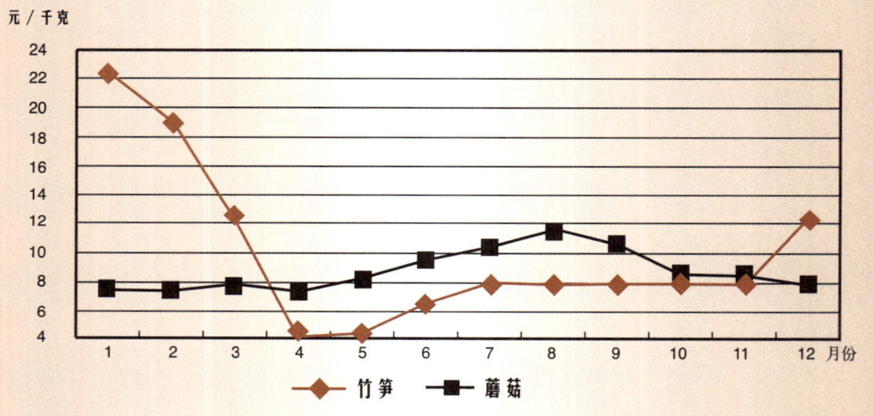

图31 2012年木耳月度价格变化

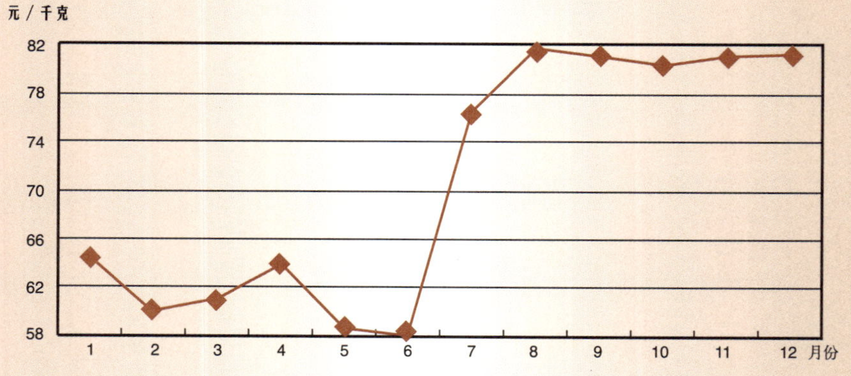

速上涨至8月的最高点81.76元/千克，9月至年末基本稳定在81.0元/千克左右。

竹笋价格从1月的22.45元/千克持续快速下降至4月的最低点4.04元/千克，随后连续上涨至7月的8.0元/千克，并一直维持8.0元/千克的水平至11月，12月大幅上涨至12.4元/千克。

（三）主要林产品进出口

1. 基本态势

林产品进出口贸易微幅增长，出口增速大幅回落，进口减少；贸易逆差缩小；在全国商品进出口贸易中，林产品所占比重略降 2012年，林产品进出口贸易总额为1 206.39亿美元，比2011年增长0.25%，增幅下降28个百分点；其中，林产品出口586.91亿美元，比2011年增长6.64%，增速回落12.18个百分点，低于全国商品出口7.92%的增长速度，占全国商品出口额的2.86%，比2011年降低了0.04个百分点；林产品进口619.48亿美元，比2011年减少5.13%，占全国商品进口额的3.41%，比2011年下降了0.34个百分点（图32）。林产品贸易逆差为32.57亿美元，比2011年缩小了70.08亿美元。

图 32　2003～2012 年林产品进出口额占全国进出口总额的比重

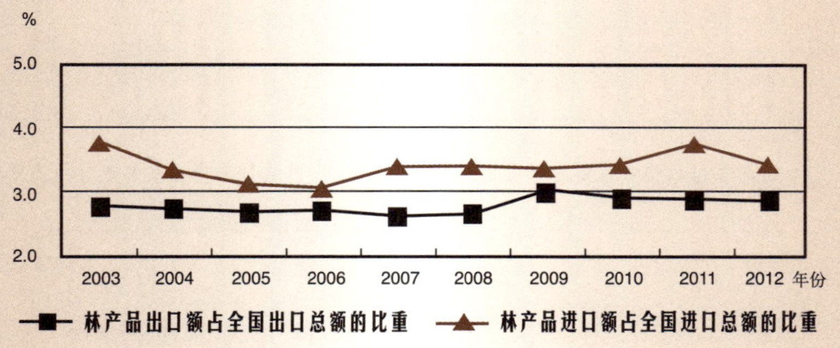

林产品进出口贸易中木质林产品仍占绝对比重，但其出口占比有所提高、进口占比进一步下降 2012年，林产品进出口贸易总额中，木质林产品占67.61%，比2011年提高了0.33个百分点；其中，林产品出口额中，木质林产品占75.19%，比2011年提高了1.50个百分点；林产品进口额中，木质林产品占60.43%，比2011年下降了1.45个百分点（图33）。

林产品贸易市场主要分布于亚洲、北美洲和欧洲，但出口市场中，亚洲和欧洲的份额下降、北美洲和拉丁美洲的份额提高；进口市场中，欧洲和拉丁美洲的份额上升，北美洲和亚洲的份额下降。从主要贸易伙伴看，美国、日本仍

为最主要的出口市场，而且市场集中度略有提高；进口市场以美国、东南亚地区和加拿大为主，但市场集中度有所下降 2012年，林产品出口总额中各洲所占份额依次为：亚洲42.87%、北美洲25.94%、欧洲19.37%、拉丁美洲4.19%、非洲4.03%、大洋洲3.60%，与2011年相比，北美洲和拉丁美洲分别提高了1.43和0.41个百分点，亚洲和欧洲分别下降了1.10和1.00个百分点；林产品进口总额中各洲所占份额分别为：亚洲43.70%、北美洲20.24%、欧洲19.76%、拉丁美洲7.55%、大洋洲5.66%、非洲3.09%，与2011年相比，亚洲和北美洲的份额分别下降了0.74和1.14个百分点，欧洲、非洲和拉丁美洲的份额分别提高了0.96、0.43和0.38个百分点。从主要贸易伙伴看（图34），前5位出口贸易伙伴依次是美国、日本、中国香港、英国和澳大利亚，占45.87%的市场份额，比2011年提

图 33 2003～2012 年林产品进出口额中木质林产品所占比重

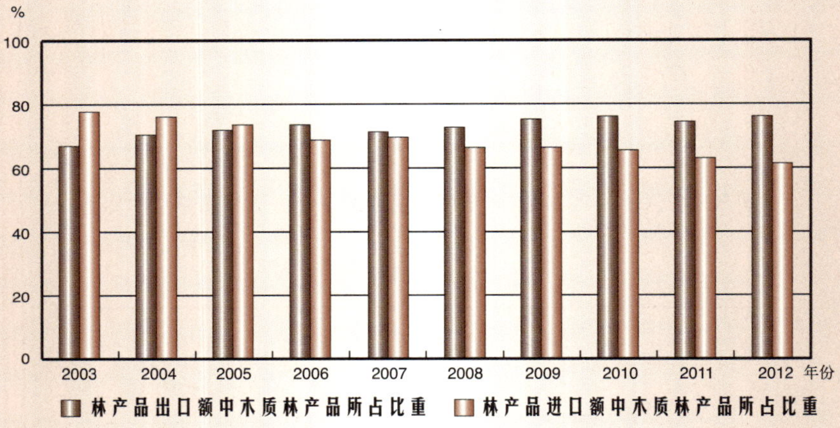

图 34 2012 年按贸易额计算的前 5 位林产品进出口贸易伙伴

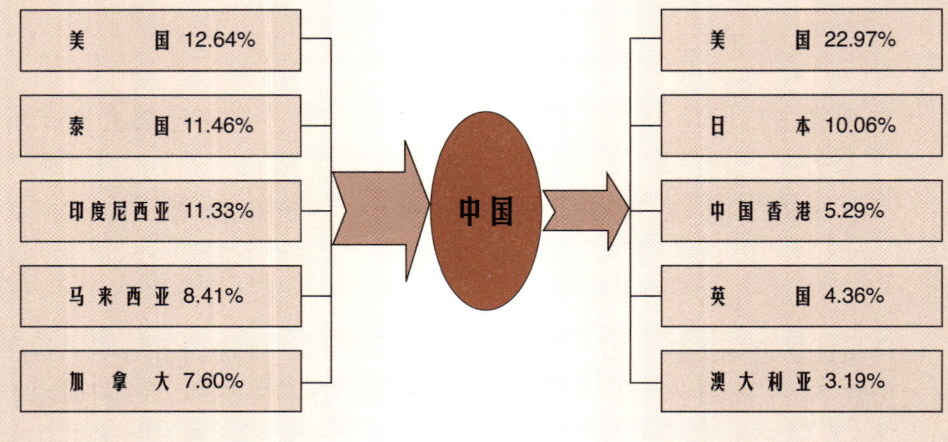

高了1.45个百分点，其中美国的份额提高了1.24个百分点；前5位进口贸易伙伴分别为美国、泰国、印度尼西亚、马来西亚和加拿大，集中了51.44%的市场份额，比2011年下降了2.56个百分点，其中马来西亚和加拿大的份额分别下降了2.01和0.85个百分点。

2. 木质林产品进出口

木质林产品进出口微幅增长，其中出口增长但增速大幅回落，进口减少；产品结构基本稳定；贸易顺差进一步扩大。

2012年，木质林产品进出口贸易总额为815.65亿美元，比2011年增长0.75%，增幅回落23.56个百分点；其中出口441.31亿美元，比2011年增长8.81%；进口374.34亿美元，比2011年减少7.35%。贸易顺差为66.97亿美元，比2011年扩大65.45亿美元。

从产品结构看，2012年木质林产品出口额中，家具、纸及纸浆、人造板（含单板）的份额超过87%（图35），与2011年相比，家具的份额下降了0.67个百分点，纸及纸浆的份额提高了0.98个百分点；进口额中，纸及纸浆、原木和锯材的份额接近93%（图36），与2011年相比，原木、纸及纸浆的份额分别下降了1.11和0.90个百分点，锯材和木片的份额分别提高了0.61和0.69个百分点。

从市场结构看，木质林产品出口市场集中度有所提高，其中美国、日本的总份额接近35%；进口市场集中度略有下降，美国、加拿大、俄罗斯的总份额超过41%。按贸易额排序，前5位出口贸易伙伴依次为：美国25.93%、日本8.62%、英国5.27%、中国香港4.89%、澳大利亚3.65%，与2011年相比，前5位出口贸易伙伴的市场份额提高了1.36个百分点，其中，美国和英国分别提高了0.99和0.32个百分点；前5位进口贸易伙伴分别为：美国18.63%、加拿大12.46%、俄罗斯9.97%、印度尼西亚5.04%、巴西4.72%，与2011年相比，前5位贸易伙伴的总份额下降了2.58个百分点，其中俄罗斯、加拿大所占份额分别下降

图35　2012年木质林产品出口结构

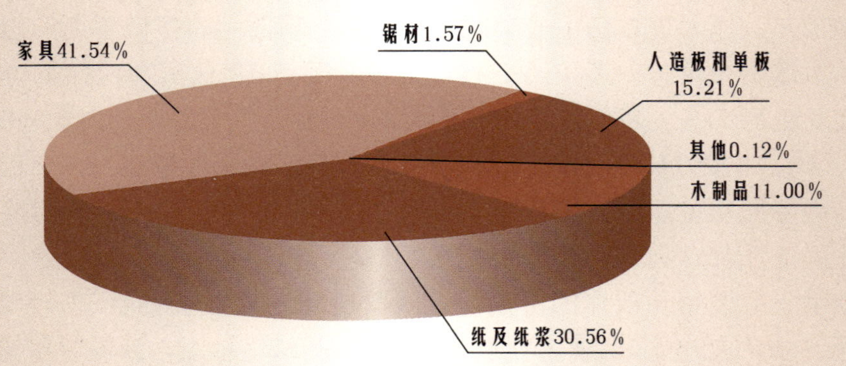

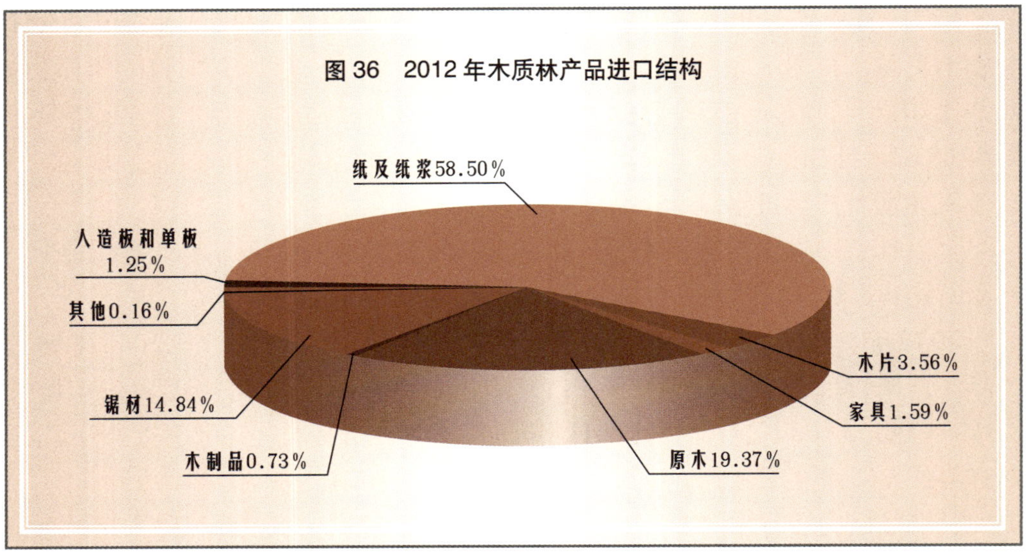

了1.23和1.11个百分点。

原木 2012年，原木进出口总量大幅减少，但阔叶材进口小幅增加；原木平均出口价格略有上涨，平均进口价格小幅下降，但针叶材价格降幅明显；原木进口量中针叶材的份额下降。

2012年，出口原木0.36万立方米，出口额1 724.18千美元，分别比2011年减少了75.00%和74.53%，出口原木全部为阔叶材。进口原木3 789.27万立方米，进口额72.51亿美元，分别比2011年减少10.47%和12.35%；其中针叶材进口2 676.91万立方米，合37.61亿美元，分别比2011年减少14.93%和22.69%；针叶材进口量占原木进口量的70.64%，比2011年下降了3.70个百分点。阔叶材进口1 112.36万立方米，进口额34.90亿元，分别比2011年增长2.42%和2.38%。从价格看，原木平均出口价格为478.94美元/立方米，比2011年上涨了1.90%；原木平均进口价格191.36美元/立方米，比2011年下降了2.10%，其中针叶材和阔叶材原木平均进口价格分别为140.50美元/立方米和313.75美元/立方米，分别比2011年下降了9.13%和0.05%。

2012年，原木进口仍主要来源于俄罗斯、新西兰，但俄罗斯的份额继续减少，市场集中度进一步下降。按进口量计算，前5位贸易伙伴的份额依次是：俄罗斯29.51%、新西兰22.75%、美国9.60%、巴布亚新几内亚6.81%、加拿大6.44%，与2011年相比，前5位贸易伙伴的总份额下降了1.57个百分点，其中，俄罗斯和美国的份额分别下降了3.73和1.94个百分点，新西兰、巴布亚新几内亚和加拿大的份额分别提高了3.27、0.20和0.63个百分点。针叶材进口量中，主要贸易伙伴的份额为：俄罗斯38.30%、新西兰32.15%、美国12.73%、加拿大9.05%、澳大利亚4.12%，与2011年相比，俄罗斯和美国的份额分别下降了3.44和2.14个百分点，新西兰和加拿大的份额分别提高了6.00和

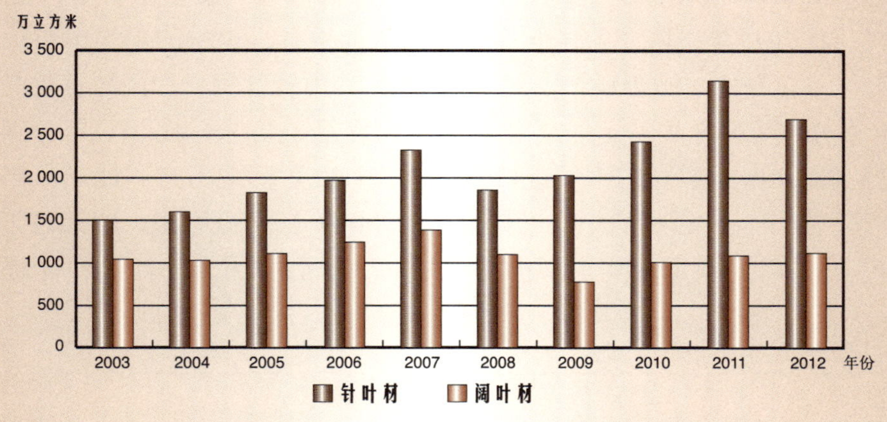

图 37　2003～2012 年原木进口量变化趋势

1.28个百分点。阔叶材进口量中，前5位贸易伙伴的份额依次为：巴布亚新几内亚23.21%、所罗门群岛17.23%、俄罗斯8.37%、刚果（布）5.52%、缅甸5.19%，与2011年相比，前5位贸易伙伴的总份额下降了2.82个百分点，其中，巴布亚新几内亚和缅甸的份额分别减少了2.56和0.70个百分点，所罗门群岛的份额增加了0.89个百分点。

2012年原木进口数量与结构变化的主要原因：一是国民经济增长下滑和全社会固定资产投资增速回落，平抑了对木材总需求的增长。二是由于2011年针叶材的过量进口，形成大量库存积压，对库存针叶材的消化直接冲减了针叶材进口；但由于国内房地产市场回升，房屋销售大幅增长，导致装修用材需求有所增加，一定程度上拉动了阔叶材进口量的增长。三是由于欧洲债务危机进一步蔓延和加深的影响，欧美经济复苏先抑后扬、总体增长乏力，国际市场对木材产品的需求不足；同时由于人民币对美元汇率的大幅上升，加上国内生产成本的提高和资金紧张，在出口产品价格不能同步上升的情况下，很多木材产品加工企业压缩生产规模，从而导致对进口材的需求减少。四是由于资金紧张，加上进口针叶材库存量依然较高，以及国内市场木材价格走低，木材进口商理性调减木材进口量。

锯材　2012年，锯材进口、出口总量减少；进口量中以针叶锯材为主，但针叶材所占比重微降；进出口价格总体水平上涨，但针叶材平均进口价格下降。

2012年锯材（不包括特形材）出口47.98万立方米，约合3.31亿美元，分别比2011年下降11.83%和8.31%；其中，针叶锯材出口19.99万立方米，阔叶锯材出口27.99万立方米，分别比2011年减少12.02%和11.70%。锯材进口2 066.97

万立方米，约合55.24亿美元，分别比2011年下降4.34%和3.44%；其中，针叶锯材进口1 425.72万立方米，阔叶锯材进口641.25万立方米，分别比2011年减少4.81%和3.27%（图38）。从产品构成看，锯材进口总量中，针叶锯材占68.98%，比2011年下降了0.34个百分点。从价格看，锯材的平均出口价格为689.87美元/立方米，比2011年上涨了4.00%，其中针叶锯材和阔叶锯材的平均出口价格分别为605.30美元/立方米和750.27美元/立方米，比2011年分别上涨了5.79%和2.96%；锯材的平均进口价格为267.25美元/立方米，比2011年提高了0.93%，其中针叶锯材的平均进口价格为200.46美元/立方米，比2011年下降了3.46%，阔叶锯材的平均进口价格为415.75美元/立方米，比2011年提高了5.56%。

图38　2003～2012年锯材进出口量变化趋势

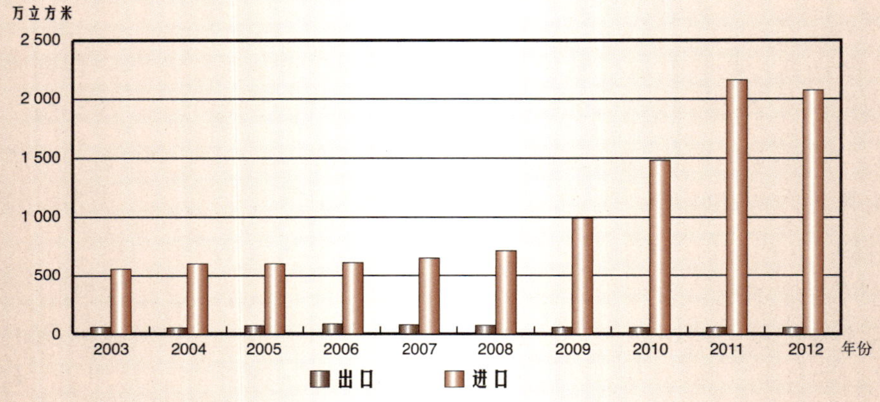

从市场结构看，锯材出口市场以日本、韩国为主，但日本的份额有所下降，美国的份额略有提高；进口市场则主要集中于加拿大、俄罗斯、美国，但俄罗斯的份额回升，美国、加拿大的份额下降。按进出口数量计，锯材出口的前5位贸易伙伴依次为：日本58.57%、韩国14.31%、美国6.70%、越南4.35%、中国台湾3.12%，与2011年相比，前5位出口贸易伙伴的总份额提高了0.80个百分点，其中，韩国、美国和越南分别提高了0.64、1.10和0.73个百分点，日本的份额下降了1.15个百分点；前5位进口贸易伙伴分别为：加拿大31.17%、俄罗斯30.25%、美国10.77%、泰国7.31%、印度尼西亚3.60%，与2011年相比，前5位进口贸易伙伴的总份额下降了0.52个百分点，其中，加拿大和美国分别下降了0.61和1.64个百分点，俄罗斯提高了1.93个百分点。针叶锯材进口量中，前5位贸易伙伴依次为：加拿大44.87%、俄罗斯38.96%、美国5.06%、智利3.50%和新西兰3.39%，与2011年比，俄罗斯、智利和新西兰的份额分别提高了2.85、0.68

和0.66个百分点，加拿大和美国的份额分别下降了0.61和3.29个百分点；阔叶锯材进口量中，前5位贸易伙伴依次为泰国23.57%、美国23.48%、印度尼西亚11.61%、俄罗斯10.84%、菲律宾7.48%，与2011年比，美国的份额分别提高了1.89个百分点，泰国、印度尼西亚和菲律宾的份额分别下降了0.48、0.54和0.66个百分点。

2012年特形材（不含竹地板条）出口量值进一步下降，进口量值小幅增长。出口24.72万吨，约合3.59亿美元，比2011年分别下降2.73%和4.84%；进口1.41万吨，约合0.31亿美元，比2011年分别增长4.89%和4.49%。特形材进出口中，木地板条出口22.89万吨，约合3.35亿美元，比2011年分别下降3.41%和5.61%；进口1.02万吨，约合0.22亿美元，比2011年分别增长9.81%和3.03%。

按出口额计，特形材出口前5位贸易伙伴的市场份额依次为：美国26.83%、日本20.09%、加拿大14.90%、英国14.70%、俄罗斯5.74%，与2011年比，日本、英国和俄罗斯的份额分别提高了6.80、5.55和1.38个百分点，美国的份额下降了5.07个百分点。

锯材进口数量小幅下降的主要原因：一是由于我国宏观经济下滑和固定资产投资增速回落，以及国际市场对木家具等木制产品需求不足，国内生产企业对进口锯材的需求下降；二是由于美国房地产市场的复苏，原来因美国次贷危机而流入中国市场的加拿大锯材又重新回流美国市场，导致从加拿大进口锯材数量减少。

单板　2012年，单板出口量值大幅下降，进口量值高速增长；出口价格小幅上扬，进口价格大幅下降。单板出口20.56万立方米，出口额2.34亿美元，比2011年分别下降16.73%和14.60%，其中，针叶单板出口1.93万立方米，阔叶单板出口18.64万立方米；单板进口34.30万立方米，合1.35亿美元，比2011年分别增长71.33%和13.45%，其中针叶单板进口1.95万立方米，阔叶单板进口32.35万立方米。单板平均出口价格为1 139.93美元/立方米，比2011年上涨2.72%，平均进口价格为394.06美元/立方米，比2011年下降33.71%。

单板进出口的市场格局变化明显，市场集中度提高。按贸易额计，前5位出口贸易伙伴依次为：日本14.94%、韩国10.38%、俄罗斯7.40%、越南6.44%、菲律宾5.41%；与2011年比，前5位出口贸易伙伴的总份额提高了3.22个百分点，其中日本、俄罗斯、越南、菲律宾分别提高了3.34、1.72、1.80、1.09个百分点，韩国、墨西哥和马来西亚分别减少了2.16、0.66和0.58个百分点；前5位进口贸易伙伴分别为：俄罗斯23.30%、美国18.54%、越南12.16%、意大利6.21%、马来西亚5.09%，与2011年比，前5位进口贸易伙伴的总份额提高了8.32个百分点，其中俄罗斯和越南分别提高了8.13和6.40个百分点，美国、意大利、马来西亚和德国的份额分别下降了1.25、2.58、2.38、3.75个百分点。

人造板　2012年，人造板出口量值快速增长，但增幅回落，进口量值较大幅度下降；从品种结构看，人造板出口额中，胶合板仍占绝对比重，但份额微降；进口额中，胶合板、刨花板和纤维板占比相对接近，但胶合板所占比重提高、纤维板所占比重下降；从价格看，胶合板和纤维板出口和进口的平均价格上涨，刨花板出口和进口的平均价格下降（表2）。

表2 2012年“三板”进出口变化情况

产品	出口量		出口平均价格		进口量		进口平均价格	
	2012年（万立方米）	比2011年增减（%）	2012年（美元/立方米）	比2011年增减（%）	2012年（万立方米）	比2011年增减（%）	2012年（美元/立方米）	比2011年增减（%）
胶合板	1 003.21	4.80	478.03	5.44	17.88	-5.11	668.67	4.98
纤维板	360.91	9.66	447.11	2.47	21.15	-30.92	443.17	26.82
其中 硬质板	26.84	-16.33	686.95	2.03	3.96	-41.30	359.96	15.70
其中 密度板	333.37	12.55	427.24	4.16	16.71	-27.65	470.89	27.97
其中 绝缘板	0.70	-15.15	716.57	17.52	0.48	-37.87	163.96	26.25
刨花板	21.67	149.64	306.68	-52.46	54.07	-1.14	216.22	-3.06
其中：OSB（定向结构刨花板）	3.63	2.88	222.05	56.77	9.07	-27.20	241.30	20.26

2012年人造板出口64.79亿美元，比2011年增长11.04%，进口3.32亿美元，比2011年下降5.34%；其中，胶合板、纤维板和刨花板出口额分别为47.96亿美元、16.14亿美元和0.66亿美元，分别比2011年增长10.51%、12.40%和17.86%，增幅分别回落17.06、16.50和18.73个百分点；胶合板、纤维板和刨花板进口额分别为1.20亿美元、0.94亿美元和1.17亿美元，与2011年比，胶合板持平，纤维板和刨花板分别下降了12.15%和4.10%。“三板”出口额中，胶合板、纤维板和刨花板的比重分别为74.06%、24.92%和1.02%，与2011年基本持平；“三板”进口额中，胶合板、纤维板和刨花板的份额分别为36.25%、28.40%和35.35%，与2011年比，胶合板和刨花板的份额分别增加了1.87和0.39个百分点，纤维板的份额减少了2.26个百分点。

2012年人造板进出口总量与结构变化的主要原因：一是虽然美国经济和房地产市场温和复苏，以及俄罗斯等新兴市场国家经济较快增长，对人造板需求有所增加，但全球经济总体上复苏乏力，国际市场对人造板需求增长缓慢，导致我国人造板出口增速大幅回落。二是美国实施绿色壁垒措施，以及对来自我国的硬木及装饰胶合板产品发起反倾销、反补贴调查，在一定程度上影响了我国胶合板和纤维板的出口。三是由于我国人造板工业的快速发展，人造板进口表现出逐年下降的趋势；同时受国内房地产市场调控的影响，加上家具出口量下降，导致对进口人造板需求减少。

从市场分布看，胶合板出口的最大市场仍然是美国，但向欧洲、东亚、中东等多元化市场发展趋势明显；进口市场仍然高度集中于印度尼西亚、马来西亚和俄罗斯，但市场集中度进一步下降。纤维板出口市场以北美洲、俄罗斯和中东地区为主，市场集中度有所提高；进口市场主要集中在大洋洲和欧洲地区，但市场集中度下降。刨花板出口以俄罗斯和亚洲市场为主，市场相对分散，集中度持续下降；进口则主要集中于东南亚和欧洲市场，市场集中度明显提高。从贸易额看，胶合板出口的前5位贸易伙伴的市场总份额为44.30%，比2011年提高了2.08个百分点，其中美国和英国分别提高了2.37和0.35个百分点，日本下降了0.99个百分点；胶合板进口的前5位贸易伙伴的总份额为83.06%，比2011年下降了4.62个百分点，其中，印度尼西亚和日本分别下降了4.90和1.55个百分点，马来西亚提高了2.21个百分点。纤维板出口的前5位贸易伙伴的总份额为56.65%，比2011年提高3.72个百分点，其中美国、俄罗斯和伊朗分别提高了1.72、1.38和1.21个百分点；纤维板进口的前5位贸易伙伴的总份额为63.36%，与2011年比下降了3.24个百分点，其中泰国和澳大利亚分别下降了9.09和2.58个百分点，新西兰、德国和意大利分别提高了3.88、3.48和4.57个百分点。刨花板出口的前5位贸易伙伴的总份额为42.36%，比2011年减少了2.21个百分点，其中俄罗斯、美国和日本分别下降了0.58、0.50和1.69个百分点，埃及和印度分别增加了0.62和0.29个百分点；刨花板进口的前5位贸易伙伴的总份额为80.96%，比2011年提高了8.51个百分点，其中泰国和罗马尼亚分别提高了11.97和6.28个百分点，马来西亚、德国和巴西分别下降了1.30、5.22和3.22个百分点（图39）。

图39 2012年按贸易额计算的“三板”进出口贸易伙伴

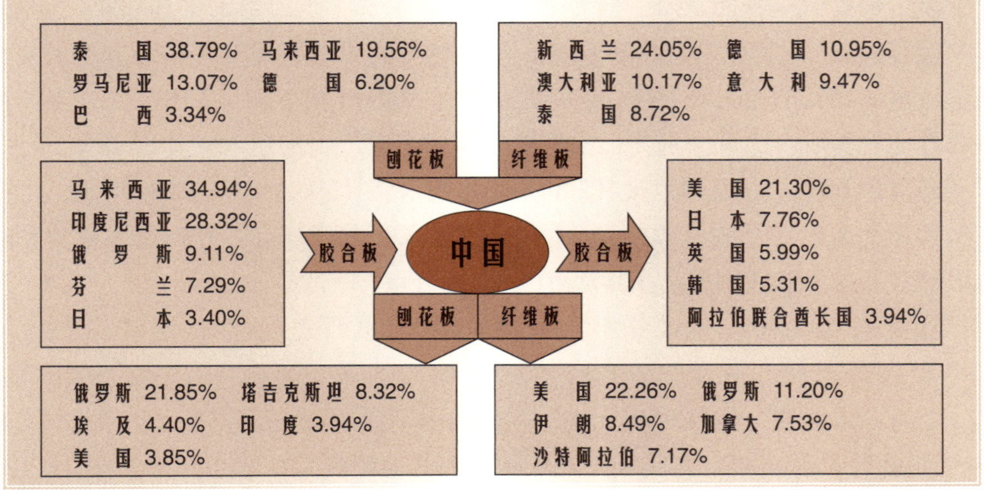

木家具 2012年，木家具出口量减值增，进口量值大幅增长；平均出口价格上涨，平均进口价格下降；贸易顺差进一步扩大；出口市场中亚洲和欧洲的份额下降，北美洲和拉丁美洲的份额提高。

图 40　2003～2012 年家具进出口额变化趋势

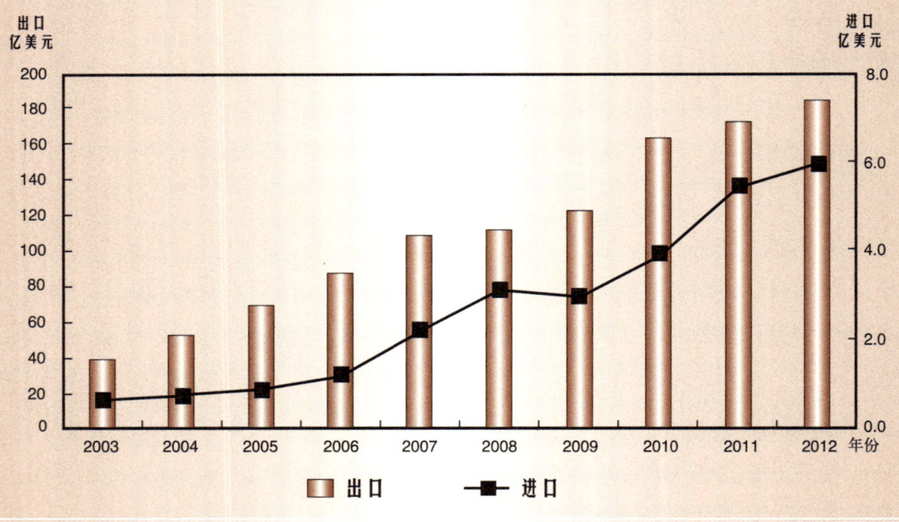

2012年木家具出口2.87亿件，比2011年下降0.70%，出口额183.31亿美元，比2011年增长7.08%；进口636.83万件，合5.96亿美元，分别比2011年增长15.85%和9.16%，增幅分别回落10.19和31.68个百分点（图40）；进出口贸易顺差为177.35亿美元，比2011年扩大7.01%。

从产品结构看，出口以木框架坐具和卧室用木家具为主，进口产品主要有木框架坐具、厨房用木家具和卧室用木家具。按贸易额，出口中各类家具所占比重依次为：木框架坐具35.02%、卧室用木家具16.47%、厨房用木家具4.84%、办公用木家具4.66%、其他木家具39.01%，与2011年比，木框架坐具和卧室用木家具的份额提高了1.16和0.56个百分点，其他木家具的份额下降了2.18个百分点；进口中各类家具所占比重分别为：木框架坐具25.17%、厨房用木家具17.28%、卧室用木家具14.60%、办公用木家具3.86%、其他木家具39.09%，与2011年比，木框架坐具和其他木家具的份额分别下降了1.30和0.70个百分点，办公用木家具和卧室用木家具的份额分别提高了1.02和1.23个百分点。

从价格看，2012年家具平均出口价格为63.87美元/件，比2011年上涨7.89%；平均进口价格为93.59美元/件，比2011年下降5.86%。各类家具的出口价格分别为：木框架坐具72.95美元/件、办公用木家具53.38美元/件、厨房用木家具49.33美元/件、卧室用木家具100.58美元/件、其他家具52.55美元/件，分别比2011年提高10.19%、16.97%、5.84%、12.92%、2.48%。各类家具的进口价格分别为：木框架坐具137.72美元/件、办公用木家具85.92美元/件、厨房用木家具216.16美元/件、卧室用木家具148.51美元/件、其他家具59.00美元/件；与2011年比，分别下降了4.88%、8.42%、20.76%、8.92%和4.13%。

从市场分布看，出口主要集中于北美洲、亚洲和欧洲市场，且北美洲和拉丁美洲的份额上升，亚洲和欧洲的份额下降；进口市场中欧洲仍然占有绝对优势，但其份额有所下降，亚洲市场份额小幅提高。2012年，木家具出口额中，各洲的市场份额依次为：北美洲38.11%、亚洲30.11%、欧洲18.90%、拉丁美洲5.25%、大洋洲4.83%、非洲2.80%，与2011年相比，北美洲和拉丁美洲的份额分别上升了1.96和0.64个百分点，亚洲和欧洲的份额分别下降了2.51和0.42个百分点；木家具进口额中，各主要洲的市场份额依次为：欧洲62.87%、亚洲29.07%、北美洲7.59%，与2011年相比，欧洲的份额下降了2.51个百分点，亚洲和北美洲的份额分别提高了1.76和0.54个百分点。从主要贸易伙伴看，依贸易额，前5位出口贸易伙伴为：美国33.96%、日本6.25%、英国6.10%、澳大利亚4.35%、加拿大4.15%，与2011年相比，前5位出口贸易伙伴的总份额下降了2.08个百分点，其中美国、英国分别提高了1.79和0.54个百分点，新加坡下降了2.08个百分点；前5位进口贸易伙伴为：意大利22.47%、德国15.75%、越南9.48%、波兰7.67%、美国7.16%，与2011年相比，前5位进口贸易伙伴的总份额下降了4.77个百分点，其中意大利、德国、越南和波兰分别下降了3.06、1.19、0.33和0.60个百分点，美国提高了0.41个百分点。

2012年，家具出口数量与价格变化的主要原因：一是对东盟国家、日本的家具出口大幅下降，特别是对新加坡的木家具出口数量降幅超过50%。二是尽管美国经济温和复苏、欧美房地产市场回暖，对木制家具需求增加，但增幅不大。三是美国的绿色壁垒、技术壁垒措施在一定程度上影响了我国木制家具的对美出口。四是受人民币对美元汇率、原材料和劳动力价格持续上升的影响，国内木质家具企业生产成本不断提高，一方面推动我国出口家具的价格上涨，另一方面也导致我国家具出口企业在国际市场竞争中失去部分市场份额。另外，受美国次贷危机的冲击，我国木家具行业经历了一个企业淘汰和产业调整升级的过程，在提高家具设计和生产技术水平、加强品牌建设、提升产品质量等方面都取得了一定进展，产品质量与档次的提升，在一定程度上推动了出口木家具价格的提高。

木制品　2012年，木制品进出口快速增长，但出口增速回落、进口增速加快；贸易顺差进一步扩大。木制品出口额和进口额分别为48.55亿美元和2.75亿美元，分别比2011年增长7.03%和75.16%，出口增速回落3.20个百分点，进口增速提高46.47个百分点；进出口贸易顺差45.80亿美元，比2011年扩大了4.59%。从各类木制品出口看，建筑用木工制品、木餐具与厨房用木制品、木工艺品和其他木制品的出口额分别比2011年增长7.80%、6.26%、8.48%和6.10%；出口额中各类木制品的份额依次为：建筑用木制品23.34%、木工艺品21.34%、木餐具与厨房用木制品9.43%、其他木制品45.89%，份额构成与2011年基本持平。

2012年，木制品出口的前5位贸易伙伴的份额依次为：美国26.52%、日本15.52%、德国5.51%、英国5.44%、中国香港3.66%，份额构成与2011年基本持平。

纸类 2012年，纸和纸制品出口量值增长、价格上涨，进口量值下降、价格下降；木浆和废纸进口量增值减、价格下降；纸类产品贸易逆差大幅缩减。

2012年纸类产品出口134.85亿美元，比2011年增长12.40%；进口218.99亿美元，比2011年下降8.75%；进出口贸易逆差84.14亿美元，比2011年缩小29.89%。出口产品主要是纸和纸制品、印刷品，分别占出口总额的87.51%和12.39%，份额结构与2011年基本持平；进口产品以木浆、废纸、纸和纸制品为主，分别占进口总额的49.80%、28.66%和21.01%，与2011年相比，木浆的比重提高了0.41个百分点，废纸的比重下降了0.37个百分点。

纸和纸制品（按木纤维浆比例折合值）出口644.43万吨，约合118.01亿美元，分别比2011年增长7.44%和12.87%，增幅分别回落8.84和25.52个百分点；进口325.44万吨（图41），约合46.00亿美元，分别比2011年下降6.42%和9.00%；纸和纸制品贸易顺差72.01亿美元，比2011年扩大33.35%；纸和纸制品平均出口价格为1831.23美元/吨，比2011年上涨5.05%，平均进口价格为1413.47美元/吨，比2011年下降2.76%。

木浆（不包括从回收纸和纸板中提取的纤维浆）出口1.95万吨，约合0.13亿美元；木浆进口1 638.08万吨（图42），比2011年增长14.12%，进口额为109.05亿美元，比2011年下降7.99%；木浆贸易逆差为108.92亿美元，比2011年缩小7.84%；木浆平均出口价格为666.67美元/吨，平均进口价格为665.72美元/吨，分别比2011年下降38.24%和19.37%。

图41 2003～2012年纸和纸制品进出口量变化趋势

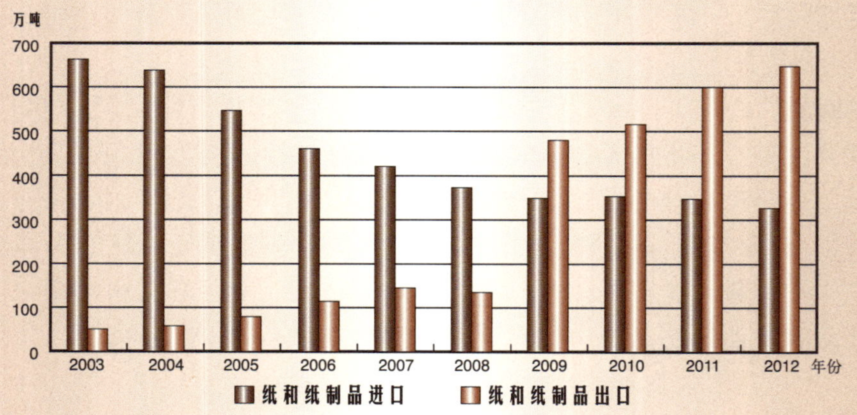

说明：2009～2012年纸和纸产品出口的折算标准与2000～2008年不同。

图 42 2003～2012 年木浆和废纸进口量变化趋势

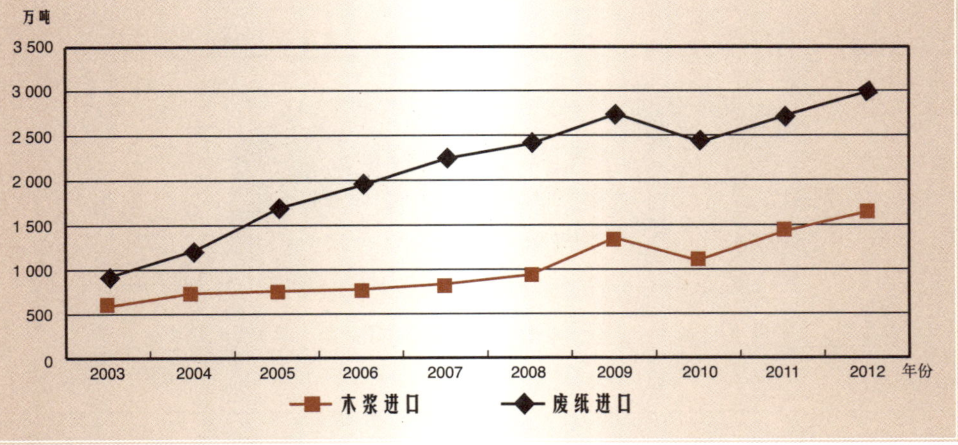

废纸进口3 006.71万吨（图42），比2011年增长10.22%，进口额为62.76亿美元，比2011年下降9.92%；进口平均价格为208.73美元/吨，比2011年下降18.27%。

2012年木浆和纸类产品贸易的总体市场格局变化不大，但木浆和废纸进口的市场集中度略有下降，纸和纸制品进口的市场集中度有所提高。按贸易额排序，木浆进口的前5位贸易伙伴依次为：加拿大24.88%、巴西14.91%、美国14.87%、印度尼西亚10.02%、智利9.15%，与2011年相比，前5位进口贸易伙伴的总份额下降了0.78个百分点，其中，加拿大和巴西分别下降了3.32和0.48个百分点，美国和智利分别提高了2.00和0.73个百分点；纸和纸制品出口的前5位贸易伙伴的份额依次是：美国16.61%、日本9.57%、中国香港9.17%、澳大利亚4.47%、英国3.40%，份额构成与2011年基本持平；纸和纸制品进口的前5位贸易伙伴的份额分别为：美国18.70%、日本14.80%、瑞典9.89%、中国台湾8.87%、韩国8.72%，与2011年相比，前5位进口贸易伙伴的总份额提高了1.40个百分点，其中，瑞典、中国台湾和韩国分别提高了1.35、0.57和0.57个百分点，日本下降了1.38个百分点；废纸进口中，前5位贸易伙伴的市场份额依次为：美国44.07%、日本13.48%、英国10.10%、荷兰5.91%、中国香港4.10%，与2011年相比，前5位贸易伙伴的总份额下降了0.91个百分点，其中美国、荷兰分别下降了0.57和0.85个百分点，日本提高了0.86个百分点。

3. 非木质林产品进出口

非木质林产品出口微幅增长，进口小幅下降，贸易逆差缩小；进出口产品结构变化明显。2012年非木质林产品出口145.60亿美元，比2011年增长0.57%，增幅下降23.58个百分点；进口245.14亿美元，比2011年下降1.53%，增速回落47.70个百分点；贸易逆差为99.54亿美元，比2011年缩小4.63亿美元。从产品结构看（图43，图44），与2011年相比，出口额中，菌、竹笋、山野菜类和林化

图 43　2012 年非木质林产品出口结构

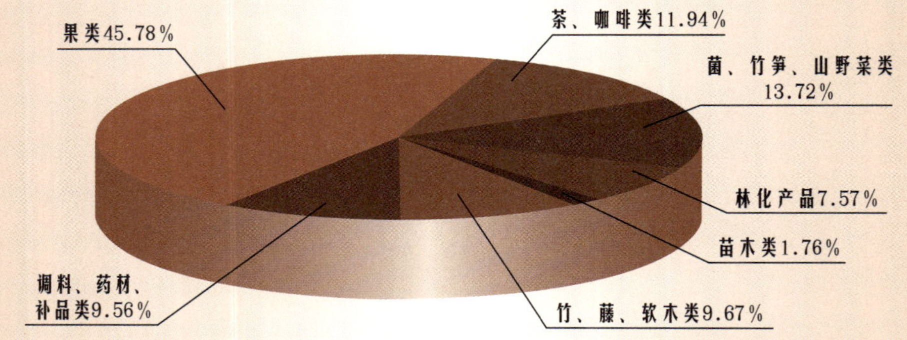

图 44　2012 年非木质林产品进口结构

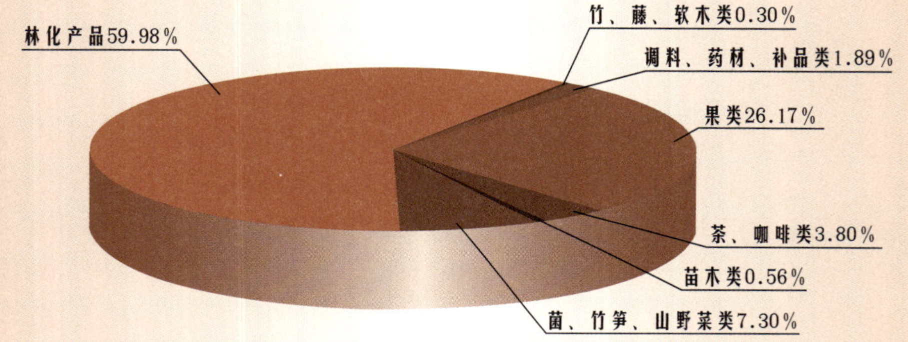

产品的份额分别下降4.49和2.84个百分点，果类，茶、咖啡类，调料、药材、补品类的份额分别提高了4.96、1.21和0.74个百分点；进口额中，林化产品的份额下降了9.91个百分点，果类，菌、竹笋、山野菜类的份额分别提高了7.52和1.70个百分点。

从市场分布看，出口相对稳定，但市场集中度略有提高；进口变化明显，市场集中度小幅下降。前5位出口贸易伙伴的份额依次为：日本14.42%、美国14.02%、中国香港6.49%、泰国5.19%、越南5.01%，与2011年比，前5位出口贸易伙伴的总份额提高了1.08个百分点，其中美国和泰国分别提高1.28和0.44个百分点，越南降低了1.08个百分点；前5位进口贸易伙伴的份额分别为：泰国24.35%、印度尼西亚20.94%、马来西亚19.96%、法国7.49%、越南6.82%，与2011年比，前5位进口贸易伙伴的总份额下降了2.05个百分点，其中泰国和马来西亚分别下降了1.44和5.75个百分点，法国和越南分别提高了3.71和1.40个百分点。

果类　2012年，果类进出口快速增长，但增幅明显回落，进口增速远高于出口增速；贸易顺差缩小；从产品结构看，干鲜果和坚果仍居首位，且出口份额小幅提高、进口份额持续下降。

2012年，果类出口66.66亿美元，进口64.16亿美元，分别比2011年增长12.80%和38.19%，增幅分别回落11.36和7.59个百分点；贸易顺差2.50亿美元，比2011年缩减10.17亿美元；果类出口额中，干鲜果和坚果、果类加工品和其他果类产品所占比重分别为52.77%、46.64%和0.59%，与2011年相比，干鲜果和坚果的比重提高了2.75个百分点，果类加工品的比重下降了2.75个百分点；在果类加工品出口额中，果类罐头、果汁、果酒和饮料、其他果类加工品的比重分别为26.09%、41.11%、4.47%和28.34%，比重构成与2011年基本持平。果类进口额中，干鲜果和坚果占52.07%，果类加工品占46.71%，其他果类产品占1.22%，与2011年相比，干鲜果和坚果的占比下降了2.81个百分点，果类加工品的占比提高了2.45个百分点；在果类加工品进口额中，果类罐头、果汁、果酒和饮料、其他果类加工品的比重分别为0.57%、7.37%、86.49%和5.57%，与2011年相比，果酒和饮料的份额提高了7.37个百分点，果汁和其他果类产品的份额分别下降了3.82和3.53个百分点。

2012年，果类出口的市场格局变化不大；进口市场格局变化较为明显，市场集中度进一步提高。按贸易额，前5位出口贸易伙伴依次为：美国18.28%、日本12.40%、泰国7.62%、印度尼西亚6.89%、俄罗斯6.65%；与2011年比，泰国的份额提高了0.94个百分点，印度尼西亚的份额降低了0.81个百分点。前5位进口贸易伙伴分别为：法国27.88%、泰国16.29%、智利11.53%、美国10.66%、越南7.52%，与2011年相比，前5位贸易伙伴的总份额提高了4.18个百分点，其中，法国的份额提高了8.39个百分点，美国和越南的份额分别下降了3.37和0.70个百分点。

林化产品　2012年，林化产品出口快速下降，进口量增值减；大宗产品结构变化明显，松香、松香和树脂酸的深加工品的出口份额大幅下降，天然橡胶及天然树胶的进口份额下降、棕榈油及其分离品的进口份额提高；进出口价格水平大幅回落；贸易逆差缩小。

2012年林化产品出口11.03亿美元、进口147.04亿美元，分别比2011年下降26.81%和15.49%；进出口贸易逆差136.01亿美元，比2011年缩小22.92亿美元。出口额中前5位的产品总份额为69.08%，依次为松香24.30%、松香和树脂酸的深加工品23.57%、桉叶油8.52%、木质活性炭8.25%、从刺槐豆/豆子或瓜尔豆制得的胶液及增稠剂4.44%，与2011年比，出口额中前5位的产品总份额下降了13.60个百分点，其中松香、松香和树脂酸的深加工品分别下降了15.05和2.91个百分点，木质活性炭和从刺槐豆/豆子或瓜尔豆制得的胶液及增稠剂分别提高了2.61和3.68个百分点，从刺槐豆/豆子或瓜尔豆制得的胶液及增稠剂超过樟脑位居第五。从主要产品看，松香出口16.78万吨、合2.68亿美元，分别比2010年下降了27.39%和54.81%，平均出口价格为1597.14美元/吨，比2011年下跌37.76%；松香和树脂酸的深加工品出口11.52万吨、合2.60亿美元，分别比2011年减少5.88%和34.84%。

林化产品进口以天然橡胶及天然树胶、棕榈油及其分离品为主，二者的总份额超过90%，其中，天然橡胶及天然树胶进口217.78万吨，进口额为68.14亿美元，占林化产品进口额的46.34%，平均进口价格为3 128.85元/吨，与2011年比，进口量增长3.64%，进口额下降27.36%，平均进口价格下跌29.91%，占林化产品进口额的比重下降了7.57个百分点；棕榈油及其分离品进口634.05万吨，进口额为65.02亿美元，平均进口价格为1025.47美元/吨，占林化产品进口额的比重为44.22%，与2011年比，进口量增长7.24%，进口额减少1.99%，平均进口价格下降8.61%，占林化产品进口额的比重提高了6.09个百分点。

林化产品进出口的市场分布变化明显。按贸易额计算，前5位出口贸易伙伴为：日本15.80%、美国10.32%、印度6.82%、韩国6.77%、印度尼西亚4.93%，与2011年比，日本、比利时和葡萄牙的份额分别下降了3.54、2.15和3.58个百分点，美国、印度和印度尼西亚的份额分别提高了3.43、1.36和1.92个百分点；前5位进口贸易伙伴依次为：印度尼西亚33.40%、马来西亚32.06%、泰国24.85%、越南3.82%、缅甸0.81%，与2011年比，印度尼西亚和越南的份额分别提高了4.68和1.07个百分点，马来西亚和泰国的份额分别下降了3.82和2.10个百分点。

菌、竹笋、山野菜类 2012年，菌、竹笋、山野菜类出口大幅减少，进口高速增长；贸易顺差缩小。

2012年菌、竹笋、山野菜类出口19.98亿美元，比2011年减少24.23%；其中，菌类出口16.80亿美元，比2011年减少28.05%，竹笋出口2.90亿美元，比2011年增长8.21%；菌、竹笋、山野菜类进口17.88亿美元，比2011年增长28.17%；其中木薯产品进口17.83亿美元，比2011年增长28.46%。贸易顺差2.10亿美元，比2011年缩小10.32亿美元。

从市场结构看，出口市场以亚洲为主，但市场格局变化明显，东南亚市场的份额大幅下降，日本的份额明显提高；进口市场高度集中于泰国和越南，市场集中度略有提高。依贸易额，前5位出口贸易伙伴依次为：日本25.66%、越南8.36%、中国香港7.97%、泰国6.87%、马来西亚6.78%，与2011年比，前5位出口贸易伙伴的总份额下降了4.74个百分点，其中越南、中国香港分别下降了9.13和2.61个百分点，日本提高了6.78个百分点；主要进口贸易伙伴的市场份额分别为：泰国69.55%、越南29.34%、印度尼西亚0.41%，与2011年比，泰国和越南的份额分别提高了0.98和0.47个百分点，印度尼西亚的份额下降了1.53个百分点。

茶、咖啡类 2012年，茶、咖啡类产品进出口快速增长，但增速大幅回落；从产品结构看，咖啡类产品（包括咖啡壳、咖啡皮和含咖啡的咖啡代用品）的进、出口份额持续提高，可可及其制品的进、出口份额和茶叶的出口份额进一步下降；从价格看，除茶叶出口价格上涨外，其他主要产品的进出口价格下跌；贸易顺差进一步扩大。

2012年茶、咖啡类产品出口17.38亿美元、进口9.31亿美元，分别比2011年增长11.91%和10.18%，增幅分别回落20.60和32.08个百分点；贸易顺差8.07亿元，比2011年扩大0.99亿美元。出口以茶叶和可可产品为主，其中茶叶出口31.35万吨，出口额为10.42亿美元，占茶、咖啡类出口额的59.95%，平均出口价格为3 323.76美元/吨，与2011年比，出口量下降了2.82%，出口额增长7.98%，占茶、咖啡类出口额的比重下降2.19个百分点，平均出口价格上涨11.11%；可可及其制品出口3.33亿美元，比2011年增长5.71%，占茶、咖啡类出口额的19.16%，比2011年降低1.12个百分点。进口以可可及其制品和咖啡为主，其中可可及其制品进口6.24亿美元，比2011年增长3.14%，占茶、咖啡类进口额的67.02%，比2011年下降4.58个百分点；咖啡类产品进口1.69亿元，比2011年增长30.00%，占茶、咖啡类产品进口额的18.15%，比2011年提高2.77个百分点。

从市场结构看，茶叶出口的市场格局基本稳定，市场集中度略有降低；可可及其制品出口的市场结构变化明显，对西班牙和哥伦比亚的出口额分别下降了81.28%和29.91%，对德国和荷兰的出口额分别增长316.95%和74.8%，可可及其制品进口的市场集中度进一步下降；咖啡类产品出口的市场集中度大幅下降、进口的市场集中度有小幅提高。按贸易额排序，前5位的茶叶出口贸易伙伴为：摩洛哥17.52%、美国8.24%、中国香港5.61%、日本5.53%、俄罗斯4.93%，与2011年比，前5位出口贸易伙伴的总份额下降了2.83个百分点，其中，摩洛哥、中国香港和俄罗斯分别下降了2.12、1.34和0.65个百分点，美国提高了1.40个百分点。前5位可可及其制品出口贸易伙伴为：中国香港17.05%、荷兰7.45%、菲律宾7.13%、德国5.36%、澳大利亚5.33%，与2011年比，中国香港、西班牙、哥伦比亚的份额分别下降了1.99、5.61和5.03个百分点，德国、荷兰和菲律宾的份额分别提高了4.00、2.95和1.13个百分点；前5位可可及其制品进口贸易伙伴为：马来西亚19.91%、意大利17.79%、印度尼西亚8.05%、美国7.73%、加纳6.87%，与2011年比，前5位进口贸易伙伴的市场总份额下降了3.00个百分点，其中加纳和美国分别下降了4.43和1.02个百分点，马来西亚和意大利分别提高了1.12和1.16个百分点。前5位咖啡类产品出口贸易伙伴为：德国42.98%、美国7.95%、比利时6.32%、西班牙6.00%、马来西亚5.90%，与2011年比，前5位贸易伙伴的总份额下降了7.15个百分点，其中比利时和美国分别下降了10.57和9.10个百分点，德国和马来西亚分别提高了10.99和1.56个百分点；前5位咖啡类产品进口贸易伙伴为：越南51.39%、印度尼西亚12.87%、美国11.55%、意大利

5.14%、巴西3.69%，与2011年比，前5位进口贸易伙伴的市场总份额提高了1.34个百分点，其中印度尼西亚和美国分别提高了6.14和2.32个百分点，越南和巴西分别下降了6.14和0.72个百分点。

竹、藤、软木类 2012年，竹、藤、软木类产品出口小幅增长，进口大幅下降；从产品看，除竹地板和其他竹制特形材出口与竹藤柳家具进口增长外，其他主要产品进出口大幅下降；贸易顺差略有扩大。

竹、藤、软木类产品出口14.08亿美元，比2011年增长3.15%，进口0.73亿美元，比2011年下降26.26%；贸易顺差13.35亿元，比2011年扩大0.69亿美元。从主要产品出口看，柳条编结品（不含家具）出口6.44万吨、合4.62亿元，占竹、藤、软木类产品出口总额的32.83%，与2011年比，出口量下降了7.23%，出口额增长了1.15%，出口额占比下降0.65个百分点；竹及竹编结品（不包括家具）出口19.47万吨、合4.23亿美元，占竹、藤、软木类产品出口总额的30.07%，与2011年比，出口量与出口额分别下降了6.57%和0.40%，出口额占比下降1.07个百分点；竹地板和其他竹制特形材出口16.81万吨、合3.33亿美元，占竹、藤、软木类产品出口总额的23.64%，与2011年比，出口量与出口额分别增长了15.61%和31.55%，出口额占比提高5.11个百分点；藤及藤编结品（不含家具）出口1.36万吨、合1.07亿美元，占竹、藤、软木类产品出口总额的7.59%，与2011年比，出口量与出口额分别下降了23.30%和12.36%，出口额占比下降1.35个百分点；竹藤柳家具出口275.45万件（个）、合0.65亿美元，占竹、藤、软木类产品出口总额的4.62%，与2011年比，出口量与出口额分别下降了10.41%和26.13%，出口额占比下降1.83个百分点；软木及软木制品出口占0.59万吨、合0.16亿美元，分别比2011年下降20.44%和13.56%，出口额占竹、藤、软木类产品出口总额的1.11%。从主要产品进口看，软木及软木制品进口0.76万吨，比2011年增长1.83%，进口额0.45亿元，比2011年下降6.12%；藤及藤编结品（不含家具）进口2.00万吨、合0.20亿元，分别比2011年下降44.27%和46.70%。

从市场结构看，竹、藤、软木类产品的出口市场格局变化不大，市场集中度略有提高；进口市场分布变化明显，市场集中度下降。按贸易额，前5位出口贸易伙伴的份额依次为：美国27.73%、德国6.00%、日本5.90%、荷兰5.37%、英国4.34%，与2011年比，前5位贸易伙伴的总份额提高了1.92个百分点，其中美国提高了2.92个百分点，荷兰降低了0.91百分点；前5位进口贸易伙伴的份额分别为：葡萄牙45.89%、印度尼西亚19.56%、意大利7.46%、马来西亚4.06%、中国台湾3.65%，与2011年比，前5位贸易伙伴的总份额下降了6.09个百分点，其中印度尼西亚、缅甸和西班牙分别下降了17.52、6.50和3.40个百分点，葡萄牙、意大利和马来西亚分别提高了10.17、3.45和3.54个百分点。

调料、药材、补品类 2012年，调料、药材、补品类产品出口13.91亿美元，比2011年增长8.93%，增幅回落7.48个百分点；进口4.65亿美元，比2011年增长21.09%，增速加快1.46个百分点；贸易顺差9.26亿美元，比2011年扩大0.33亿美元。

调料、药材、补品类出口的前5位贸易伙伴的份额依次为：中国香港24.77%、日本22.48%、韩国6.92%、越南6.46%、马来西亚4.43%，与2011年比，前5位贸易伙伴的总份额提高了3.91个百分点，其中中国香港、日本、韩国和马来西亚分别提高了2.49、1.35、1.32和1.42个百分点，越南和中国台湾分别降低了1.17和1.55个百分点；前5位进口贸易伙伴的份额分别为：中国香港35.90%、德国16.28%、韩国5.80%、日本4.49%、美国3.42%，与2011年比，前5位贸易伙伴的总份额下降了6.46个百分点，其中中国香港和韩国分别下降4.59和3.89个百分点，德国提高了2.35个百分点。

苗木类 2012年，苗木类出口2.56亿美元，进口1.37亿美元，分别比2011年增长11.79%和6.20%。

专栏 12 野生动植物国际贸易保护管理

2012 年，野生动植物进出口管理工作稳步推进。一是完善规章制度，研究修改了《野生动植物进出口证书管理办法》（征求意见稿）、《对国外确认证书工作细则》、《进出口证明书和物种证明被许可人监督检查管理办法》，起草了《被许可人信用评估制度》（草案），下发了《实施<“十二五”期间进口种子种源免税政策管理办法>的办法》。二是加强行政许可及其监督管理。开展对实验动物、欧洲鳗鲡、龙鱼、兰科植物等物种的贸易审批和管理；对被许可人实施进出口情况开展集中监督检查。三是积极推进《公约》履约工作。推动建立地方部门履约执法协调机制；推进物种调查评估；组织开展《公约》第 16 次缔约国大会的相关议题准备；开展履约执法专项行动，组织参加相关国际会议、积极参与与我国密切相关的议题谈判工作，举办履约管理、执法、鉴定培训。

2012 年，野生动植物出口 75.19 亿元人民币（动物 27.53 亿元，植物 47.66 亿元），进口 619.36 亿元人民币（动物 20.82 亿元，植物 598.53 亿元）。

K

P149-169

附录

2012年各地区林业产业总产值

（按现行价格计算）

单位：万元

地 区	总 计	第一产业	第二产业	第三产业
全国合计	**394509075**	**137485185**	**208983022**	**48040868**
北 京	1727944	1348468	71704	307772
天 津	205331	186430	9100	9801
河 北	10586591	5158111	4964839	463641
山 西	3115222	2528694	442479	144049
内蒙古	2448955	1379044	666865	403046
辽 宁	15475567	8531878	4857042	2086647
吉 林	11509487	3117220	7004909	1387358
黑龙江	10938089	4131053	5176974	1630062
上 海	3481118	360229	2985362	135527
江 苏	30993642	8033707	19624212	3335723
浙 江	31568884	7324749	21393154	2850981
安 徽	15997836	5076563	8750941	2170332
福 建	30780284	6011194	24037259	731831
江 西	16281972	6891044	5600945	3789983
山 东	45152189	15455038	27163332	2533819
河 南	10887422	5606296	4363451	917675
湖 北	11095861	5023745	4265596	1806520
湖 南	18834315	6715139	7659070	4460106
广 东	46909215	5383870	32579372	8945973
广 西	21941856	7044353	13717027	1180476
海 南	3979919	2433154	1390306	156459
重 庆	4046717	2244744	1062693	739280
四 川	17456693	6410986	6260976	4784731
贵 州	4010168	1885799	758140	1366229
云 南	8855547	6263267	2135993	456287
西 藏	200912	191369	5753	3790
陕 西	5416600	4283247	729137	404216
甘 肃	2345241	2042246	114083	188912
青 海	348196	345009	160	3027
宁 夏	1085193	754649	229959	100585
新 疆	5800919	4877722	533216	389981
大兴安岭	1031190	446168	428973	156049

2012年各地区按经济成分、造林方式、林种分的造林面积

单位：公顷

地区	当年造林面积											
	总计	按经济成分分		按造林方式分				按林种用途分				
		公有经济造林	非公有经济造林	人工造林		飞播造林	无林地和疏林地新封山育林	用材林	经济林	防护林	薪炭林	特种用途林
				合计	其中：竹林							
全国合计	5595791	3009993	2585798	3820704	41424	136409	1638678	774398	1101053	3650842	41145	28353
北京	35752	35524	228	22171			13581		574	34090		1088
天津	5357	1071	4286	5357				984	976	3397		
河北	312360	145827	166533	209013		20002	83345	28806	31267	251258	402	627
山西	302851	236699	66152	225253		2333	75265	1733	61739	226194	13185	
内蒙古	781617	557285	224332	357339		65071	359207	9820	13300	756364	2133	
辽宁	246667	68643	178024	140000			106667	13362	17851	215423		31
吉林	28166	13664	14502	27833			333	4135	300	23731		
黑龙江	162299	115254	47045	108960			53339	13891	4052	142708	46	1602
上海	1168	1025	143	1168					155	1013		
江苏	57341	38727	18614	57341	150			10116	10015	36824		386
浙江	43923	29933	13990	34473	934		9450	5327	11209	25783	435	1169
安徽	43786	13238	30548	32162	2532		11624	10022	5842	27449	154	319
福建	98042	32317	65725	98042	2596			57402	11758	23249		5633
江西	138645	40458	98187	127031	562		11614	66682	32379	37853	545	1186
山东	197956	90716	107240	195875			2081	25178	49195	122277		1306
河南	228292	44203	184089	205968			22324	45506	34538	147818		430
湖北	198578	49239	149339	140174	1242		58404	67624	45534	84343	217	860
湖南	404239	47705	356534	236487	5266		167752	125068	48051	230908		212
广东	107512	78896	28616	94919	40		12593	27786	6050	72617		1059
广西	148878	16489	132389	124443	9038		24435	99553	20785	26965		1575
海南	17734	1474	16260	17734	360			2520	11052	3113		1049
重庆	206215	97964	108251	135414	4343	10000	60801	43561	32934	124768	3338	1614
四川	112159	79360	32799	58828	3895		53331	26829	18940	66390		
贵州	147704	116103	31601	70400			77304	22529	48989	70352	4911	923
云南	544466	215147	329319	495424	10120		49042	53697	404887	84407	1195	280
西藏	72432	72432		38395			34037	3042	2823	65092	1475	
陕西	320287	259567	60720	215684	346	39003	65600	4856	80827	234604		
甘肃	177330	152155	25175	110789			66541		28233	141076	1200	6821
青海	135644	134774	870	33387			102257		1567	125477	8600	
宁夏	94814	85040	9774	53430			41384		9006	85808		
新疆	210244	125731	84513	133877			76367	4369	56225	146158	3309	183
大兴安岭												

注：全国合计造林面积中包括军事管理区 13333 公顷人工营造的防护林。

2012年各地区营林生产主要指标完成情况

单位：公顷

地区	更新造林	四旁（零星）植树（万株）	年末实有封山（沙）育林面积	低产低效林改造面积	森林抚育			当年苗木产量（万株）	育苗面积	
					未成林抚育作业面积（公顷次）	成林抚育面积				
						合计	其中：中、幼龄林抚育面积		合计	其中：本年新育
全国合计	**305065**	**239418**	**24140908**	**707499**	**9396281**	**11875006**	**7661686**	**5707761**	**915643**	**272013**
北京	760	200	144199	907	8115	85099	54648	27942	9920	649
天津		401	26014		83852	96757	50681	5938	7803	2425
河北	3524	10261	867221	3633	393450	451021	324210	263400	55101	22184
山西		10415	890167	360	52631	204052	100282	509347	53551	23738
内蒙古	14018	3423	3518739	8021	306326	1166415	768563	349725	22343	6792
辽宁	8771	7330	1101398	7113	189812	103197	72600	443745	20418	7459
吉林	13124	1605	690961	4599	621070	394285	223823	202318	9333	1684
黑龙江	26402	1370	1032914	461	588869	681299	640833	226551	10682	3242
上海		93		24	11334	40838	8577	8809	11235	171
江苏		10964	28357	5679	107225	338715	209705	262075	120573	18851
浙江	13852	2946	999001	16761	86067	238021	139873	414920	120833	14403
安徽		12854	514248	12165	311655	600527	317873	79210	69750	1200
福建	16052	3907	601693	16802	765038	243848	186724	49203	1636	599
江西	18139	18414	1045282	30755	318397	228471	163137	310265	72653	31278
山东	5707	19606	238906	13270	655219	943966	706585	456942	76467	33451
河南		21919	347384	10424	768510	514660	382792	151598	20027	14351
湖北	4374	12424	1048160	25123	354975	388716	284677	119805	30640	15270
湖南	21489	13352	915758	162420	391320	351095	279611	79898	1647	1557
广东	78088	6961	286047	45378	191668	275015	225418	79698	8185	4249
广西	50424	5744	1846116	7151	603593	863917	387384	110662	13459	5357
海南	13807	2138	125074		33110	252433	41052	10101	1513	117
重庆	4514	9498	406891	24186	73686	84608	78608	119931	24532	5479

（续）

地区	更新造林	四旁（零星）植树（万株）	年末实有封山（沙）育林面积	森林抚育				当年苗木产量（万株）	育苗面积	
				低产低效林改造面积	未成林抚育作业面积（公顷次）	成林抚育面积				
						合计	其中：中、幼龄林抚育面积		合计	其中：本年新育
四川	4333	26126	924170	62076	80000	145586	117534	96555	17999	8610
贵州		4263	610149	18173	155569	120754	71756	104102	2936	2100
云南	4935	10740	1370936	91459	18763	140182	133186	114738	4320	2285
西藏	520	251	123973	12667		11867	11867			
陕西		11541	891670	55154	233618	268172	205999	382877	22856	9069
甘肃		5673	842993	2225	84486	301877	224240	307848	25665	12512
青海		2049	989757	13107	30440	25107	1474	30601	2892	1082
宁夏		717	292970	2067	523401	372157	219349	273737	30558	8583
新疆	2232	2233	1419760	37740	1354082	1743615	829891	100939	45872	13242
大兴安岭				17599		198734	198734	14281	244	24

2012年各地区主要林产品产量

单位：吨

地　区	生　漆	油桐籽	油茶籽	乌桕籽	五倍子	棕　片	松　脂	竹笋干	核　桃	板　栗	紫胶（原胶）
全国合计	**26027**	**427048**	**1727708**	**39467**	**23190**	**55171**	**1215065**	**501740**	**2046904**	**1979583**	**1997**
北　京									16828	32140	
天　津									1012	926	
河　北									126636	243925	
山　西									106772	2470	
内蒙古											
辽　宁									92349	117616	
吉　林									35074	1009	
黑龙江									2364		
上　海								187			
江　苏			61	12				3140	156	26065	
浙　江		84	61683			437	2061	141110	16424	83712	
安　徽	405	2730	55309	120	75	2577	10918	26759	17305	116228	
福　建	172	23136	89433	1585	140	14886	98369	101997	43996	86218	15
江　西	81	8189	448189	325	143	2723	90607	12196	72	27817	
山　东									87911	287746	
河　南	2100	96241	6551	10052	4131		2912	166	93021	136173	
湖　北	7603	19008	85140	19988	2767	3274	35899	7239	91351	399608	
湖　南	1295	42430	681370	960	2932	7288	37552	55133	15213	96830	
广　东	39	7563	65239	697		2597	196344	34921	18	11828	458
广　西	34	77528	164129	40	97	3319	568588	26645	1150	81855	
海　南			2				3773	320			
重　庆	6607	13191	4260	1168	7015	688	2	25973	8925	17403	
四　川	546	17281	4180	1275	461	1264	2537	42292	211944	40146	22
贵　州	3086	77675	37107	2467	1537	3755	7559	14248	20137	26774	5
云　南	583	19314	14334	62	202	9177	157149	7333	508455	70829	1497
西　藏									4281		
陕　西	3443	22622	10601	716	3503	3164	795	2072	161183	70639	
甘　肃	33	56	120		187	22		9	68584	1626	
青　海									1058		
宁　夏									250		
新　疆									314435		
大兴安岭											

全国历年分造林方式、分林种造林面积

单位：千公顷

年 份	造林面积合计	按造林方式分			按林种用途分				
		人工造林	飞播造林	无林地和疏林地新封	用材林	经济林	防护林	薪炭林	特种用途林
1981 年	4110.07	3681.00	429.07		2531.20	630.47	636.87	192.00	119.53
1982 年	4495.60	4115.80	379.80		2630.60	652.80	860.93	222.33	128.94
1983 年	6324.40	5603.13	721.27		3804.60	819.53	1098.40	451.07	150.80
1984 年	8253.67	7290.74	962.93		5065.67	939.07	1476.40	585.47	187.06
1985 年	8336.80	6948.80	1388.00		5291.40	793.07	1472.80	598.67	180.86
1986 年	5274.00	4158.20	1115.80		3326.67	689.20	768.93	392.47	96.73
1987 年	5414.20	4207.27	1206.93		3338.46	865.27	752.47	373.80	84.20
1988 年	5533.27	4574.80	958.47		3302.93	913.67	823.33	392.53	100.81
1989 年	5023.33	4109.53	913.80		3015.33	752.20	817.07	364.67	74.06
1990 年	5208.47	4353.34	855.13		3156.47	644.53	1029.73	340.07	37.67
1991 年	5594.47	4751.80	842.67		3343.67	669.53	1243.67	311.67	25.93
1992 年	6030.40	5083.70	946.70		3355.10	973.20	1442.10	235.30	24.70
1993 年	5903.40	5044.40	859.00		2812.50	1563.60	1314.60	191.10	21.60
1994 年	5992.66	5190.24	802.42		2504.47	2063.94	1253.31	152.07	18.87
1995 年	5214.61	4629.35	585.26		1844.25	1969.85	1240.44	145.26	14.81
1996 年	4919.38	4314.96	604.42		1710.85	1672.02	1368.61	150.04	17.86
1997 年	4354.93	3737.75	617.18		1465.05	1371.31	1366.23	135.49	16.85
1998 年	4811.05	4086.00	725.05		1459.68	1394.82	1772.02	167.03	17.50
1999 年	4900.71	4276.85	623.86		1418.01	1403.88	1948.54	115.30	14.98
2000 年	5105.14	4345.01	760.13		1218.46	1350.28	2430.83	82.34	23.23
2001 年	4953.04	3977.32	975.72		905.52	1068.54	2913.54	45.61	19.83
2002 年	7770.97	6896.04	874.93		898.74	964.21	5828.81	59.14	20.07
2003 年	9118.89	8432.49	686.41		1175.81	797.32	7087.32	37.07	21.37
2004 年	5598.08	5018.89	579.19		871.13	456.69	4210.77	49.97	9.52
2005 年	3637.68	3221.30	416.39		607.55	337.82	2667.95	16.07	8.29
2006 年	3838.79	2446.12	271.80	1120.87	481.63	403.32	2942.59	7.80	3.45
2007 年	3907.71	2738.52	118.67	1050.52	610.37	478.42	2790.17	7.99	20.76
2008 年	5353.74	3684.26	154.07	1515.41	782.11	850.77	3697.16	4.02	19.67
2009 年	6262.33	4156.29	226.34	1879.70	801.32	1002.56	4407.65	23.71	27.10
2010 年	5909.92	3872.76	195.95	1841.21	809.94	1110.90	3943.43	18.89	26.77
2011 年	5996.61	4065.69	196.93	1733.99	1019.32	1218.28	3688.83	36.81	33.38
2012 年	5595.79	3820.70	136.41	1638.68	774.40	1101.05	3650.84	41.15	28.35

注：根据造林技术规程（GB/T 15776-2006），本表自 2006 年起将无林地和疏林地新封山育林面积计入造林总面积。

2012年各地区林业重点工程造林面积

单位：公顷

地区	全部造林面积	重点工程造林面积					其他造林面积
		合计	天然林资源保护工程	退耕还林工程	京津风沙源治理工程	三北及长江流域等重点防护林建设工程	
全国合计	5595791	2753932	485203	655271	541690	1071768	2841859
北京	35752	19230			17177	2053	16522
天津	5357	5357				5357	
河北	312360	165268		15038	79970	70260	147092
山西	302851	178972	40180	49168	22985	66639	123879
内蒙古	781617	700942	116496	39972	421558	122916	80675
内蒙古集团	345						345
辽宁	246667	117970		24663		93307	128697
吉林	28166	21079		7266		13813	7087
吉林集团							
黑龙江	162299	111785		37041		74744	50514
龙江集团							
上海	1168						1168
江苏	57341	16582				16582	40759
浙江	43923	12800				12800	31123
安徽	43786	37322		21233		16089	6464
福建	98042	17475				17475	80567
江西	138645	32194		18772		13422	106451
山东	197956	46110				46110	151846
河南	228292	65172	4667	24845		35660	163120
湖北	198578	86586	23300	32850		30436	111992
湖南	404239	52485		23987		28498	351754
广东	107512	38827				38827	68685
广西	148878	40581		17532		23049	108297
海南	17734	3517		1400		2117	14217
重庆	206215	47671	24669	23002			158544
四川	112159	68331	51997	16334			43828
贵州	147704	41333	19333	15333		6667	106371
云南	544466	174687	40491	125036		9160	369779
西藏	72432	20276	3333	8057		8886	52156
陕西	320287	193165	74930	47764		70471	127122
甘肃	177330	122421	44474	20937		57010	54909
青海	135644	81711	22664	16200		42847	53933
宁夏	94814	45003	18669	8333		18001	49811
新疆	210244	175747		47175		128572	34497
新疆兵团	22923	15443		84		15359	7480
大兴安岭							

注：退耕还林工程中包括军事管理区13333公顷荒山荒地造林。

全国历年林业重点生态工程完成造林面积

单位：千公顷

年别	合计	天然林资源保护工程	退耕还林工程：退耕还林工程合计	退耕还林工程：其中：退耕地造林	京津风沙源治理工程	三北及长江流域等重点防护林体系建设工程：小计	三北防护林工程	长江流域防护林工程	沿海防护林工程	珠江流域防护林工程	太行山绿化工程	平原绿化工程
1979～1985年	**10109.80**					**10109.80**	**10109.80**					
1986年	1106.73					1106.73	1106.73					
1987年	1064.80					1064.80	1064.80					
1988年	1063.93					1063.93	1063.93					
1989年	1001.80					1001.80	956.07	45.73				
1990年	1662.06					1662.06	983.33	324.13			354.60	
"七五"小计	**5899.32**					**5899.32**	**5174.86**	**369.86**			**354.60**	
1991年	2082.20					2082.20	1170.47	462.40	223.60		225.73	
1992年	2308.00					2308.00	1255.20	584.60	235.80		232.40	
1993年	2602.10				132.80	2211.80	1160.00	573.00	131.20		275.20	72.40
1994年	2729.59				139.79	2366.48	1255.49	546.00	152.78		358.22	53.99
1995年	2862.17				168.59	2450.71	1333.26	535.71	103.27		427.04	51.43
"八五"小计	**12584.06**				**441.18**	**11419.19**	**6174.42**	**2701.71**	**846.65**		**1518.59**	**177.82**
1996年	2669.49				164.95	2316.73	1342.28	463.96	72.17		402.46	35.86
1997年	2642.61				215.95	2233.46	1266.12	447.75	63.48	56.72	366.32	33.07
1998年	2856.00	290.35			231.58	2196.02	1243.96	448.60	60.29	39.85	343.74	59.58
1999年	3275.63	477.56	447.93	381.47	211.58	2032.46	1245.41	369.84	44.48	32.09	293.36	47.28
2000年	3345.92	426.37	683.60	328.42	280.27	1708.80	1053.16	206.94	56.91	30.68	298.51	62.60
"九五"小计	**14789.65**	**1194.28**	**1131.53**	**709.89**	**1104.33**	**10487.47**	**6150.93**	**1937.09**	**297.33**	**159.34**	**1704.39**	**238.39**
2001年	3160.18	948.08	870.99	386.14	217.32	1034.92	541.71	162.72	90.90	27.05	141.29	71.25
2002年	6777.38	856.08	4423.61	2039.77	676.38	775.63	453.76	110.29	55.71	46.55	76.15	33.16
2003年	8262.78	688.26	6196.13	3085.93	824.43	533.54	275.30	108.75	38.56	44.71	50.05	16.18
2004年	4802.85	641.45	3217.54	824.90	473.27	448.32	232.34	113.28	30.18	31.76	30.92	9.85
2005年	3109.10	424.81	1898.36	667.39	408.25	368.20	217.89	65.94	22.68	30.67	28.52	2.50
"十五"小计	**26112.30**	**3558.68**	**16606.63**	**7004.13**	**2599.64**	**3160.62**	**1721.00**	**560.98**	**238.03**	**180.74**	**326.93**	**132.94**
2006年	2810.80	774.82	1050.53	218.49	409.54	566.82	326.83	78.67	16.96	28.82	114.67	0.87
2007年	2681.65	732.88	1056.02	59.46	315.13	574.22	381.53	76.40	23.85	17.42	73.93	1.10
2008年	3437.50	1009.02	1189.70	2.16	469.04	765.77	497.95	72.25	74.25	36.97	80.28	4.07
2009年	4596.24	1360.91	886.67	0.74	434.82	1893.08	1255.87	222.13	212.18	82.06	119.16	1.67
2010年	3669.65	885.48	982.62	0.33	439.13	1360.65	928.24	118.81	173.24	66.83	69.22	4.30
"十一五"小计	**17195.84**	**4763.11**	**5165.52**	**281.19**	**2067.66**	**5160.54**	**3390.42**	**568.26**	**500.48**	**232.10**	**457.27**	**12.01**
2011年	3093.87	553.56	730.18	0.06	545.19	1264.03	737.78	204.84	209.89	72.29	36.58	2.64
2012年	2753.93	485.20	655.27	0.00	541.69	1071.77	678.74	157.94	145.39	51.58	38.12	
总计	**92538.76**	**10554.83**	**24289.13**	**7995.26**	**7299.69**	**48572.73**	**34137.95**	**6500.68**	**2237.77**	**696.05**	**4436.47**	**563.80**

注：1. 本表数据从 2001 年开始，将原有的 16 个工程整合形成 10 个重点林业工程。太行山绿化工程 1990 年造林面积 354.60 千公顷系指 1984 ～ 1990 年的造林面积，其中 1990 年造林面积为 109.73 千公顷；京津风沙源治理工程 1993 ～ 2000 年数据为原全国防沙治沙工程数据。

2. 1993 ～ 2011 年造林面积合计项包含速生丰产用材林工程造林，自 2012 年起该工程造林不作为林业重点生态工程统计。下表与此相同。

3. 根据《造林技术规程》（GB/T 15776-2006），本表自 2006 年起将无林地和疏林地新封山育林面积计入造林总面积。

全国历年林业重点生态工程实际完成投资及国家投资情况

单位：万元

指标名称		合计	天然林资源保护工程	退耕还林工程	京津风沙源治理工程	三北及长江流域等重点防护林体系工程							野生动植物保护及自然保护区建设工程
						小计	三北防护林工程	长江流域防护林工程	沿海防护林工程	珠江流域防护林工程	太行山绿化工程	平原绿化工程	
1979～1989年	**实际完成投资**	**62295**				**62295**	**53781**	**1167**			**7347**		
	其中：国家投资	**35443**				**35443**	**33076**	**427**			**1940**		
1990年	实际完成投资	25537				25537	16733	6676			2128		
	其中：国家投资	13469				13469	10291	2616			562		
1991年	实际完成投资	34949				34949	19750	7747	5214		2238		
	其中：国家投资	20247				20247	14315	3205	1983		744		
1992年	实际完成投资	44640				44640	24921	10342	7250		2127		
	其中：国家投资	22888				22888	15978	3608	2613		689		
1993年	实际完成投资	118913			3351	66925	35080	15112	9773		4436	2524	
	其中：国家投资	32351			1914	27613	18076	5283	2346		949	959	
1994年	实际完成投资	144563			6822	79326	38928	18587	9485		6903	5423	
	其中：国家投资	36779			3064	32187	19589	6535	1899		1643	2521	
1995年	实际完成投资	162611			7259	86411	42459	18308	10268		7443	7933	
	其中：国家投资	43062			3523	36285	21454	5474	2089		2253	5015	
“八五”小计	**实际完成投资**	**505676**			**17432**	**312251**	**161138**	**70096**	**41990**		**23147**	**15880**	
	其中：国家投资	**155327**			**8501**	**139220**	**89412**	**24105**	**10930**		**6278**	**8495**	
1996年	实际完成投资	203110			15741	124720	71169	23114	16548		7371	6518	
	其中：国家投资	54772			4506	47433	30802	7455	2531		2085	4560	
1997年	实际完成投资	244737			33782	152324	80567	21095	12653	16430	12247	9332	
	其中：国家投资	68989			12247	52494	34704	7196	2198	502	2853	5041	
1998年	实际完成投资	495760	227761		37741	176215	90289	27774	21029	12060	11970	13093	
	其中：国家投资	285611	206365		10176	63797	37206	11154	3340	1557	5411	5129	
1999年	实际完成投资	761756	409225	33595	35477	235521	118754	31384	22897	16463	24232	21791	
	其中：国家投资	506707	351309	33595	8198	108432	57383	16345	5717	2775	14195	12017	
2000年	实际完成投资	1106412	608414	154075	43102	300821	143682	31273	31551	14392	23781	56142	
	其中：国家投资	881704	582886	146623	15655	136540	71602	18427	13768	6831	13327	12585	

（续）

指标名称		合计	天然林资源保护工程	退耕还林工程	京津风沙源治理工程	三北及长江流域等重点防护林体系工程							野生动植物保护及自然保护区建设工程
						小 计	三北防护林工程	长江流域防护林工程	沿海防护林工程	珠江流域防护林工程	太行山绿化工程	平原绿化工程	
“九五”小计	**实际完成投资**	**2811775**	**1245400**	**187670**	**165843**	**989601**	**504461**	**134640**	**104678**	**59345**	**79601**	**106876**	
	其中：国家投资	**1797783**	**1140560**	**180218**	**50782**	**408696**	**231697**	**60577**	**27554**	**11665**	**37871**	**39332**	
2001 年	实际完成投资	1795799	949319	314547	183275	303066	102468	53406	40026	10678	16169	80319	20917
	其中：国家投资	1355797	887717	248459	59283	145743	56163	22736	14425	6499	8832	37088	12109
2002 年	实际完成投资	2558004	933712	1106096	123238	316711	139272	45837	41164	17657	17151	55630	39261
	其中：国家投资	2250647	881617	1061504	120022	157582	66512	27942	13839	15481	10920	22888	28460
2003 年	实际完成投资	3339160	679020	2085573	258781	232083	85437	41442	29155	13136	10436	52477	52406
	其中：国家投资	2978139	650304	1926019	239513	136239	49105	27758	20127	11083	8097	20069	25609
2004 年	实际完成投资	3510242	681985	2142905	267666	352661	86645	109028	51946	11922	13048	80072	44465
	其中：国家投资	2983123	640983	1920609	261857	135782	44014	26017	29705	9797	11268	14981	22133
2005 年	实际完成投资	3616302	620148	2404111	332625	192556	85231	53607	23029	9134	14620	6936	51452
	其中：国家投资	3212387	584777	2185928	325408	91292	41252	12808	19704	7039	10095	394	24450
“十五”小计	**实际完成投资**	**14819507**	**3864184**	**8053232**	**1165585**	**1397077**	**499053**	**303320**	**185320**	**62527**	**71423**	**275434**	**208501**
	其中：国家投资	**12780093**	**3645398**	**7342519**	**1006083**	**666638**	**257046**	**117261**	**97800**	**49899**	**49212**	**95420**	**112761**
2006 年	实际完成投资	3533372	643750	2321449	327666	179501	84328	24386	42553	6509	13949	7776	54718
	其中：国家投资	3255411	604120	2224633	310029	85398	38539	8262	20637	4647	13108	205	30750
2007 年	实际完成投资	3480379	820496	2084085	320929	165879	94026	13912	37819	3994	13213	2915	79580
	其中：国家投资	3029091	666496	1915544	298768	91273	48202	9964	23290	2811	6541	465	55464
2008 年	实际完成投资	4202355	973000	2489727	323871	337349	184078	34916	94009	7142	16804	400	69800
	其中：国家投资	3626077	923500	2210195	310795	139275	99184	13119	18429	4043	4275	225	41963
2009 年	实际完成投资	5087347	817253	3217569	403175	557076	270310	101057	140019	23828	21663	199	80097
	其中：国家投资	4179556	688199	2886310	355377	209602	133198	27000	35953	8979	4422	50	39948
2010 年	实际完成投资	4720065	731299	2927290	382406	570888	284589	49422	192579	27177	16471	650	100107
	其中：国家投资	3617431	591086	2499773	329166	138550	68632	19557	33802	12519	4000	40	57740
“十一五”小计	**实际完成投资**	**21023518**	**3985798**	**13040120**	**1758047**	**1810693**	**917331**	**223693**	**506979**	**68650**	**82100**	**11940**	**384302**
	其中：国家投资	**17707566**	**3473401**	**11736455**	**1604135**	**664098**	**387755**	**77902**	**132111**	**32999**	**32346**	**985**	**225865**
2011 年	实际完成投资	5322129	1826744	2463373	250395	664819	322215	98832	200344	26204	12948	4276	114253
	其中：国家投资	4343147	1696826	1949855	223978	394431	208105	42627	117478	14984	11167	70	77727
2012 年	实际完成投资	5283825	2186318	1977649	356646	630274	325088	99667	165824	25796	13899		132938
	其中：国家投资	4050116	1710230	1545329	321863	380467	210938	40869	96239	19977	12444		92227
总 计	**实际完成投资**	**49828725**	**13108444**	**25722044**	**3713948**	**5867010**	**2783067**	**931415**	**1205135**	**242522**	**290466**	**414406**	**839994**
	其中：国家投资	**40869475**	**11666415**	**22754376**	**3215342**	**2688993**	**1418029**	**363768**	**482112**	**129524**	**151258**	**144302**	**508580**

2012年各地区森林火灾情况

地区	森林火灾次数（次）合计	一般火灾	较大火灾	重大火灾	特大火灾	火场总面积（公顷）	受害森林面积（公顷）合计	其中 天然林	其中 人工林	损失林木 成林蓄积（立方米）	损失林木 幼林株数（万株）
全国合计	**3966**	**2397**	**1568**	**1**		**43171**	**13948**	**1138**	**11306**	**283827**	**7703**
北京	1	1				3	1		1		
天津	11	11				46	6		6		
河北	83	73	10			2112	221	6	215	399	
山西	20	10	10			480	95		95	2975	5523
内蒙古	57	26	31			4464	650	84	236	491	6
辽宁	51	27	24			374	120	3	116	982	2
吉林	41	26	15			178	58	8	42	1845	4
黑龙江	49	40	9			1046	235	132	103		
上海											
江苏	30	30				6	1		1		
浙江	139	14	125			2091	906		748	24386	61
安徽	81	57	24			307	86		86	1428	9
福建	92	6	86			1078	700	33	668	26241	246
江西	46	12	34			1154	412	6	406	5363	51
山东	8	6	2			15	8		8	1	
河南	328	286	42			738	192		192	511	156
湖北	385	356	29			1205	236	7	229	1008	18
湖南	922	416	506			8079	4653	105	4547	79639	526
广东	65	25	40			821	361	16	345	7323	29
广西	289	147	142			4329	780	2	778	25176	60
海南	23	14	9			57	29		29	123	3
重庆	38	29	9			236	95		95	3374	16
四川	486	394	92			3082	815	323	490	22497	682
贵州	275	210	65			2557	502	112	390	11480	42
云南	299	83	216			7902	2501	295	1444	67944	264
西藏	13	6	6	1		182	135				
陕西	67	30	37			390	16		15	563	4
甘肃	11	7	4			85	8	1	7	2	1
青海	6	6				131	108				
宁夏	9	9				4	4		4		
新疆	41	40	1			19	17	5	13	76	

2012年各地区森林病虫鼠害防治情况

单位：公顷

地区	合计		森林病害		森林虫害		森林鼠害	
	发生面积	防治面积	发生面积	防治面积	发生面积	防治面积	发生面积	防治面积
全国合计	**11768988**	**7825928**	**1311633**	**842550**	**8462864**	**5729317**	**1994491**	**1254061**
北京	40259	40259	2400	2400	37859	37859		
天津	49582	49582	7094	7094	42488	42488		
河北	536035	416275	29783	27184	494898	380358	11354	8733
山西	239185	149727	3433	2232	190002	126123	45750	21372
内蒙古	1203280	621517	145793	32422	754480	426658	303007	162437
辽宁	666876	588469	64777	51348	599079	534114	3020	3007
吉林	263205	209080	19142	18286	217817	172502	26246	18292
黑龙江	437544	386516	43913	35862	176415	159444	217216	191210
上海	5461	5354	892	878	4569	4476		
江苏	116735	86600	10338	8823	106397	77777		
浙江	63381	52681	12663	10806	50718	41875		
安徽	388206	315839	52104	35622	336102	280217		
福建	199023	105122	11338	8518	187685	96604		
江西	305300	255771	56881	44327	248419	211444		
山东	521381	476447	109131	95854	412250	380593		
河南	538355	447961	110470	94527	427885	353434		
湖北	325197	211798	31643	21315	290720	189782	2834	701
湖南	290025	146905	47505	14248	242187	132324	333	333
广东	337265	129479	14312	11702	322953	117777		
广西	363132	55356	29254	1093	333878	54263		
海南	9414	5578	40	26	9374	5552		
重庆	282418	178716	20974	20806	214634	128455	46810	29455
四川	726973	558158	95933	58031	588033	466312	43007	33815
贵州	208223	144578	16087	11633	183140	126757	8996	6188
云南	299459	269196	42936	39794	254812	227751	1711	1651
西藏	273224	153753	76132	46373	146778	86267	50314	21113
陕西	413886	284566	34885	21005	270100	181887	108901	81674
甘肃	299656	145726	62292	40639	157546	54580	79818	50507
青海	278673	163566	37618	13014	107669	71566	133386	78986
宁夏	322805	123020	94		148804	26927	173907	96093
新疆	1644384	1012578	101616	63828	872341	521548	670427	427202
大兴安岭	120446	35755	20160	2860	32832	11603	67454	21292

2012年各地区主要林产工业产品产量

地　　区	木材（万立方米）	竹材（万根）	锯材（万立方米）	人造板（万立方米）				松香类产品（吨）	栲胶类产品（吨）	紫胶类产品（吨）
				合计	其中					
					胶合板	纤维板	刨花板			
全国合计	**8174.87**	**164412**	**5568.19**	**22335.79**	**10981.17**	**5800.35**	**2349.55**	**1409995**	**6926**	**2494**
北　京	14.33			19.48		19.48				
天　津	10.68			15.80		12.50	3.30			
河　北	74.68		211.70	1111.62	369.77	340.18	165.31		2000	
山　西	12.21		1.26	39.03	0.99	19.43	15.60			
内蒙古	208.83		604.21	83.89	25.41	13.58	26.69		203	
辽　宁	191.43		280.57	344.25	104.33	117.51	39.93			
吉　林	344.26		149.83	348.75	131.40	87.34	82.60			
黑龙江	301.89		528.40	300.76	177.41	56.37	35.36			
上　海	0.32		1.65	22.62	8.64	13.98				
江　苏	173.41	627	208.34	4018.94	2558.73	748.96	227.30			
浙　江	156.93	19346	314.13	601.66	189.07	119.47	19.02	17800		
安　徽	495.63	11496	345.77	1306.41	588.57	331.36	62.83	6059		
福　建	570.74	51401	174.66	787.12	327.23	150.14	141.69	112355		152
江　西	286.63	7813	190.93	318.83	120.55	100.30	18.72	93857		
山　东	551.64		920.11	6253.67	3575.34	1150.44	1166.70			
河　南	278.45	160	153.99	1404.47	644.59	365.35	81.29	2591		
湖　北	258.66	3009	73.99	398.95	73.72	258.44	9.19	13252		
湖　南	467.12	7099	277.18	456.28	207.44	56.81	37.14	31221		3
广　东	759.86	13409	148.58	990.33	210.56	462.30	133.91	97598		455
广　西	1668.12	28775	368.53	2297.45	1318.36	681.47	38.87	790803	4517	
海　南	111.57	2125	64.98	34.17	18.35	6.40	9.00	357		
重　庆	30.11	434	19.15	71.06	27.86	42.04	0.05	810		
四　川	246.17	4683	241.02	690.94	198.86	384.31	27.95	2428		13
贵　州	215.43	649	78.73	69.19	45.49	7.02	0.09	5432		
云　南	530.13	12288	155.76	228.48	49.39	152.09	6.76	235432	206	1871
西　藏	76.86		9.02	0.19	0.19					
陕　西	16.37	1097	14.59	88.41	5.22	82.23	0.07			
甘　肃	4.73			0.60	0.60					
青　海	1.92		0.06							
宁　夏	1.55									
新　疆	35.70		12.20	11.34	2.97	8.36				
大兴安岭	78.52		18.84	21.11	0.13	12.47	0.19			

全国历年主要林产工业产品产量

年 份	木材（万立方米）	竹材（万根）	锯材（万立方米）	人造板（万立方米）				松香（吨）	栲胶（吨）	紫胶（吨）
				合 计	其 中					
					胶合板	纤维板	刨花板			
1981 年	4942.31	8656	1301.06	99.61	35.11	56.83	7.67	406214	40159	1095
1982 年	5041.25	10183	1360.85	116.67	39.41	66.99	10.27	400784	36000	1397
1983 年	5232.32	9601	1394.48	138.95	45.48	73.45	12.74	246916	34131	1045
1984 年	6384.81	9117	1508.59	151.38	48.97	73.59	16.48	307993	36523	1489
1985 年	6323.44	5641	1590.76	165.93	53.87	89.50	18.21	255736	36875	2102
1986 年	6502.42	7716	1505.20	189.44	61.08	102.70	21.03	293500	42059	1661
1987 年	6407.86	11855	1471.91	247.66	77.63	120.65	37.78	395692	50306	1909
1988 年	6217.60	26211	1468.40	289.88	82.69	148.41	48.31	376482	41862	1482
1989 年	5801.80	15238	1393.30	270.56	72.78	144.27	44.20	409463	26411	833
1990 年	5571.00	18714	1284.90	244.60	75.87	117.24	42.80	344003	20402	829
1991 年	5807.30	29173	1141.50	296.01	105.40	117.43	61.38	343300	19516	876
1992 年	6173.60	40430	1118.70	428.90	156.47	144.45	115.85	419503	26141	732
1993 年	6392.20	43356	1401.30	579.79	212.45	180.97	157.13	503681	26176	931
1994 年	6615.10	50430	1294.30	664.72	260.62	193.03	168.20	437269	18177	1001
1995 年	6766.90	44792	4183.80	1684.60	759.26	216.40	435.10	481264	19662	1393
1996 年	6710.27	42175	2442.40	1203.26	490.32	205.50	338.28	501221	23766	1450
1997 年	6394.79	44921	2012.40	1648.48	758.45	275.92	360.44	675758	19814	579
1998 年	5966.20	69253	1787.60	1056.33	446.52	219.51	266.30	416016	14081	255
1999 年	5236.80	53921	1585.94	1503.05	727.64	390.59	240.96	434528	10972	294
2000 年	4723.97	56183	634.44	2001.66	992.54	514.43	286.77	386760	7510	778
2001 年	4552.03	58146	763.83	2111.27	904.51	570.11	344.53	377793	9446	431
2002 年	4436.07	66811	851.61	2930.18	1135.21	767.42	369.31	395273	9132	561
2003 年	4758.87	96867	1126.87	4553.36	2102.35	1128.33	547.41	443306	11970	1078
2004 年	5197.33	109846	1532.54	5446.49	2098.62	1560.46	642.92	485863	12113	1117
2005 年	5560.31	115174	1790.29	6392.89	2514.97	2060.56	576.08	606594	7668	779
2006 年	6611.78	131176	2486.46	7428.56	2728.78	2466.60	843.26	915364	11750	3679
2007 年	6976.65	139761	2829.10	8838.58	3561.56	2729.85	829.07	1183556	15214	3746
2008 年	8108.34	126220	2840.95	9409.95	3540.86	2906.56	1142.23	1067293	9337	2899
2009 年	7068.29	135650	3229.77	11546.65	4451.24	3488.56	1431.00	1117030	11000	2755
2010 年	8089.62	143008	3722.63	15360.83	7139.66	4354.54	1264.20	1332798	10925	3804
2011 年	8145.92	153929	4460.25	20919.29	9869.63	5562.12	2559.39	1413041	9129	2966
2012 年	8174.87	164412	5568.19	22335.79	10981.17	5800.35	2349.55	1409995	6926	2494

注：自 2006 年起松香、栲胶、紫胶产品产量包括深加工产品。

2012年各地区林业投资完成情况

单位：万元

地　　区	总计	其中：国家投资
全国合计	**33420880**	**12454012**
北　　京	1470847	860020
天　　津	53355	49288
河　　北	663921	446878
山　　西	1025047	417841
内 蒙 古	1333975	1159659
内蒙古集团	353518	311625
辽　　宁	1456896	759411
吉　　林	714638	414206
吉林集团	199357	110395
黑 龙 江	1742134	1229763
龙江集团	1447370	1000880
上　　海	96870	42635
江　　苏	928670	87742
浙　　江	807782	401387
安　　徽	452501	138449
福　　建	2215019	263150
江　　西	760416	269660
山　　东	2513677	343542
河　　南	976351	74038
湖　　北	533859	292634
湖　　南	1279005	392645
广　　东	636673	300712
广　　西	6903848	499059
海　　南	142492	107637
重　　庆	516676	392342
四　　川	1773551	945631
贵　　州	380000	315000
云　　南	850074	358996
西　　藏	165894	135486
陕　　西	749288	400645
甘　　肃	756920	423219
青　　海	227158	193614
宁　　夏	138955	114771
新　　疆	663078	323014
新疆兵团	278868	42796
局直属单位	491310	300938
大兴安岭	395075	229927

全国历年林业投资完成情况

单位：万元

年　份	林业投资完成总额	其中：国家投资
1981 年	140752	64928
1982 年	168725	70986
1983 年	164399	77364
1984 年	180111	85604
1985 年	183303	81277
1986 年	231994	83613
1987 年	247834	97348
1988 年	261413	91504
1989 年	237553	90604
1990 年	246131	107246
1991 年	272236	134816
1992 年	329800	138679
1993 年	409238	142025
1994 年	476997	141198
1995 年	563972	198678
1996 年	638626	200898
1997 年	741802	198908
1998 年	874648	374386
1999 年	1084077	594921
2000 年	1677712	1130715
2001 年	2095636	1551602
2002 年	3152374	2538071
2003 年	4072782	3137514
2004 年	4118669	3226063
2005 年	4593443	3528122
2006 年	4957918	3715114
2007 年	6457517	4486119
2008 年	9872422	5083432
2009 年	13513349	7104764
2010 年	15533217	7452396
2011 年	26326068	11065990
2012 年	33420880	12454012

2003～2012年主要林产品进出口金额

单位：千美元

产品			2003年	2004年	2005年	2006年	2007年	2008年	2009年	2010年	2011年	2012年
总计		出口	**12235984**	**16300854**	**20574172**	**26377042**	**31930993**	**33488310**	**36316317**	**46316686**	**55033714**	**58690787**
		进口	**16641987**	**19939912**	**22102107**	**25798689**	**32360169**	**38439466**	**33902486**	**47506554**	**65299100**	**61948082**
原木	针叶原木	出口	57		91	94	17	21	274	51	38	1724
		进口	945157	1168493	1387979	1713618	2404879	2414186	2234430	3240796	4864608	7250935
	阔叶原木	出口	2830	1959	1950	1275	1194	965	4306	10475	6730	
		进口	1501992	1635825	1855561	2215648	2950955	2769073	1852088	2830298	3408524	3760576
	合计	出口	2887	1959	2040	1368	1211	986	4580	10526	6768	1724
		进口	2447149	2804318	3243540	3929266	5355834	5183259	4086518	6071094	8273132	3490359
锯材		出口	236790	219843	281431	356490	392669	412265	346344	342001	360493	331346
		进口	1198789	1387144	1516885	1697715	1774871	2039427	2327863	3878172	5721322	5524195
单板		出口	110806	120710	128529	171508	200086	243925	172678	210865	273559	234420
		进口	95536	109913	121181	118163	135718	98504	63736	88064	118568	135155
特形材		出口	187866	278238	557133	731094	519003	448662	371345	433189	377244	359769
		进口	21359	15043	25099	27429	21636	19774	15547	19708	29668	30988
刨花板		出口	20022	21394	18396	25183	34758	45873	32712	41387	56411	66454
		进口	113224	123197	115461	101730	106352	91859	88913	114283	122232	116921
纤维板		出口	20662	125121	396067	635782	1085801	1094538	884401	1114253	1435693	1613657
		进口	320892	272725	229268	195714	168916	140415	119570	124654	107114	93740
胶合板		出口	495433	1249941	1879039	2910501	3577941	3400530	2523949	3402140	4339929	4795625
		进口	355124	384280	276681	197174	170383	167469	89042	116042	119681	119546
木制品		出口	2299221	2934699	3139195	3791812	3828644	3522246	3324597	4114612	4536235	4854951
		进口	35366	52953	49605	61572	70251	75033	84081	121953	156709	274723
木家具		出口	3815513	5229343	6843165	8783827	10683050	11017339	12035202	16157214	17118709	18331201
		进口	60661	72706	87217	117585	220383	311952	297671	387711	546457	596047
木片		出口	95223	102486	92893	64321	25249	9034	887	558	726	30
		进口	31878	39929	122141	119140	158338	182490	353802	673817	1159600	1331814
木浆		出口	2041	925	10728	16480	27487	6916	22351	11344	34119	12694
		进口	2643336	3526709	3694780	4354322	5498741	6660933	6795615	8774104	11852421	10904715
废纸		出口	37	24	8	5	18	1	48	119	616	691
		进口	1231243	1726999	2457178	2748047	4041970	5556926	3796054	5352897	6967452	6275973
纸和纸制品		出口	599608	768335	1060777	1457284	1844016	2070567	6129326	7554688	10454553	11800706
		进口	4393027	4637510	4387339	4215202	4287379	4363240	3879784	4610590	5055272	4600238
木炭		出口	63494	39067	22501	26111	20114	22979	26065	35748	39094	44428
		进口	2051	2809	6070	5922	9914	14663	17552	22952	44877	58017
松香		出口	139805	163850	254515	365260	274265	271944	181729	486750	593328	268287
		进口	3574	4392	4849	5815	6686	4739	6104	8830	8577	17549
水果	柑橘属	出口	75574	105020	143383	161510	257633	437373	592697	615797	726457	971902
		进口	47922	48433	44859	54642	54670	67312	74224	106072	148576	150776
	鲜苹果	出口	209773	274407	306313	372552	512645	698398	713518	831627	914326	959913
		进口	23708	29417	25428	25277	34674	45188	54108	75932	115830	92578
	鲜梨	出口	79968	90665	122078	147713	161765	215087	220716	243263	285559	325154
		进口	239	234	52	23	16	27	23	75	1043	3793

（续）

产品			2003 年	2004 年	2005 年	2006 年	2007 年	2008 年	2009 年	2010 年	2011 年	2012 年
水果	鲜葡萄	出口	5827	7382	9982	19234	32944	47437	85926	104943	162273	336036
		进口	41608	67482	82385	69654	63180	95018	172077	189471	324280	425205
	山竹果	出口		10	1	1				1	1	1
		进口		29764	39547	25217	62230	69565	144383	147018	145837	196000
	鲜榴莲	出口		1						1	4	
		进口		52501	47863	53929	71250	92850	124373	149562	234304	399762
	鲜龙眼	出口		1131	1348	2160	2718	2770	857	711	2451	2813
		进口		69286	73265	85219	98239	124192	157334	193182	314287	395965
	鲜火龙果	出口						121	161	300	719	1093
		进口						55236	94538	105305	200154	326473
坚果	核桃	出口	25842	31043	46112	56691	53887	60224	19849	24536	47654	54660
		进口	1081	2648	3767	6324	6218	12624	28502	48596	55204	73373
	板栗	出口	49989	58461	49803	57404	62244	62981	68208	73434	75865	85864
		进口	22454	21813	21993	20264	18304	18531	18108	22090	17893	26937
	松子仁	出口	51334	68896	76324	103081	81610	47675	142974	159277	153902	174671
		进口	36	100	154	63	1091	6955	7875	5619	21990	22467
	开心果	出口	3233	4800	6403	5488	5906	13098	5622	7334	10889	35959
		进口	15295	17432	19252	14664	43178	76554	77461	203136	116623	134940
干果	梅干及李干	出口	1488	1568	1073	970	2136	1942	2311	3844	4943	6766
		进口	883	972	591	1071	1500	1783	2865	4942	8274	9718
	龙眼干、肉	出口	858	1041	883	1079	1018	1005	1249	1742	1674	1868
		进口	19544	28730	26933	32991	52849	53530	88737	64630	86455	82020
	柿饼	出口	12911	13210	16314	12105	15983	10630	9098	13896	11100	16040
		进口		11	43	37	18				1	
	红枣	出口	9838	10942	11561	10717	10709	12187	17399	17447	22611	26808
		进口	1	25	1	5	3	14	20	90	58	70
	葡萄干	出口	10831	18397	21762	30880	36329	47225	65311	69960	102067	73901
		进口	9572	14666	15747	15695	17917	19686	18340	23010	34943	41525
果汁	柑橘属果汁	出口	3680	3347	3974	7402	10525	14424	14218	16064	19946	11107
		进口	65640	50443	62562	85830	122646	97790	106311	109036	172899	153505
	苹果汁	出口	254178	325345	458169	594846	1243994	1130079	655526	747088	1081240	1142004
		进口	348	1042	412	297	1224	4634	718	606	1087	1383
其他		出口	3351253	4029252	4612272	5456183	6924636	8116983	7640042	9459801	11782556	11746517
		进口	3440447	4344283	5299957	7412689	9683594	7559270	6718656	9727522	23016281	14830100

注：1. 资料来源：海关总署信息中心；

2. 木浆中未包括从回收纸与纸板中提取的木浆；

3. 纸和纸制品中未包括回收纸和纸板及印刷品等；

4. 2003～2008年以造纸工业纸浆消耗价值中原生木浆价值的比例将从回收的纸与纸板中提取的纤维浆、回收纸与纸板出口额折算为木制林产品价值，2009～2012年按木纤维浆（原生木浆和废纸中的木浆）价值比例折算。各年的折算系数为：2003年取0.21，2004～2006年取0.22，2007年取0.214，2008年取0.221，2009年取0.80，2010年为0.78，2011年为0.80，2012年为0.85；

5. 2003～2008年以造纸工业纸浆消耗价值中原生木浆价值的比例将纸和纸制品出口额折算为木制林产品价值，2009～2012年按木纤维浆（原生木浆和废纸中的木浆）价值比例折算。各年的折算系数为：2003年取0.26，2004～2006年取0.27，2007年取0.26，2008年取0.26，2009年取0.81，2010年取0.79，2011年取0.81，2012年取0.86；

6. 印刷品、手稿、打字稿等的进（出）口额=进（出）口折算量×纸和纸制品的平均价格。

2003～2012 年主要林产品进出口数量

产品			单位	2003 年	2004 年	2005 年	2006 年	2007 年	2008 年	2009 年	2010 年	2011 年	2012 年
原木	针叶原木	出口	立方米	417		742	113	66	100	851	174	41	
		进口	立方米	15019747	16003654	18270100	19717608	23270909	18577008	20302606	24274023	31465280	26769151
	阔叶原木	出口	立方米	8980	6137	6185	4169	3655	2725	11885	28208	14339	3569
		进口	立方米	10435720	10304868	11097886	12435326	13861696	10992626	7756655	10073466	10860568	11123565
	合计	出口	立方米	9397	6137	6927	4282	3721	2825	12736	28382	14380	3569
		进口	立方米	25455467	26308522	29367986	32152934	37132605	29569634	28059261	34347489	42325848	37892716
锯材		出口	立方米	543013	489331	682072	829990	763544	717475	561106	539433	544194	479847
		进口	立方米	5598051	6051670	6054178	6153148	6557793	7181828	9935167	14812175	21606705	20669661
单板		出口	立方米	106626	110498	104091	143893	152746	146283	114327	158158	246914	205644
		进口	立方米	223395	154142	151800	134002	130215	91894	72327	109517	200231	342983
特形材		出口	吨	146197	221247	424922	518926	363790	310052	251560	302159	254144	247267
		进口	吨	22566	11962	13127	16523	13755	12333	7953	10513	13442	14108
刨花板		出口	立方米	67463	130751	95035	141658	179824	193171	124944	165527	86786	216685
		进口	立方米	623999	652594	633972	541102	524918	374137	446543	539368	547030	540749
纤维板		出口	立方米	63556	509945	1376697	1968316	3056768	2382562	2031141	2569456	3291031	3609069
		进口	立方米	1394223	1377045	1137113	924481	702512	504505	452979	400071	306210	211524
胶合板		出口	立方米	2040470	4305484	5583972	8303695	8715903	7185060	5634800	7546940	9572461	10032149
		进口	立方米	797810	799298	589120	413429	304098	293937	179178	213672	188371	178781
木制品		出口	吨	1593213	1983984	2009708	2304919	2207534	1750049	1563994	1858712	1876915	1865571
		进口	吨	31660	37844	39018	47047	52585	60187	39734	43652	55484	198006
木家具		出口	件	142179765	175777874	211601212	248149710	280364654	242633034	247470421	298327198	289157492	286991126
		进口	件	876469	851909	863112	1290094	2468740	3147981	3298999	4361353	5497244	6368316
木片		出口	吨	1137770	1094162	880655	596242	214540	73014	7247	5342	5094	69
		进口	吨	279741	302680	871274	895437	1139607	1056387	2766012	4631704	6565328	7580364
木浆		出口	吨	3763	1504	20456	32007	50781	10628	35045	14433	31520	19504
		进口	吨	5988591	7214995	7520149	7881293	8383914	9460349	13578483	11299952	14354611	16380763
废纸		出口	吨	228	163	30	24	108	4	220	621	2853	2067
		进口	吨	9381794	12306851	17036170	19623353	22562110	24205826	27501707	24352214	27279353	30067145
纸和纸制品		出口	吨	502386	576634	790907	1145650	1457278	1356450	4802753	5157993	5997827	6444274
		进口	吨	6626430	6376108	5465318	4604689	4208691	3735959	3495948	3536533	3477712	3254368
木炭		出口	吨	106615	68141	37497	46652	42643	50976	54922	63398	67463	64192
		进口	吨	26654	31066	43013	39406	75003	136266	156678	175518	188697	167655
松香		出口	吨	301173	342888	347455	367148	329214	276517	193291	249801	231148	167784
		进口	吨	1924	2152	2345	2872	3122	1076	2927	3589	2659	9918
水果	柑橘属	出口	吨	292034	361385	465623	435127	564471	862105	1113002	933089	901557	1082217
		进口	吨	76637	66889	61530	78931	74421	79946	91652	105275	131739	126154
	鲜苹果	出口	吨	609052	774131	824050	804226	1019840	1153326	1174191	1122953	1034635	975878
		进口	吨	41524	37281	33204	31075	36396	42395	54116	66882	77085	61505
	鲜梨	出口	吨	296962	318218	368298	375298	405189	446656	463159	437804	402778	409584
		进口	吨	689	500	81	16	14	9	13	13	527	2479
	鲜葡萄	出口	吨	13433	17800	21257	34293	55790	63303	100225	89359	106477	152292
		进口	吨	53412	58887	57490	46021	42775	51613	89775	81744	122909	168409

（续）

产品			单位	2003 年	2004 年	2005 年	2006 年	2007 年	2008 年	2009 年	2010 年	2011 年	2012 年
水果	山竹果	出口	吨		2	3	1				1	4	1
		进口	吨		30811	35200	17161	40404	41084	91719	90918	83573	101141
	鲜榴莲	出口	吨		1						4	11	
		进口	吨		85500	75371	85220	105667	138929	196147	172205	210938	286510
	鲜龙眼	出口	吨		1547	3251	3150	3560	2221	945	1177	1704	1894
		进口	吨		109418	143375	168482	174625	196451	256037	291336	338846	323328
	鲜火龙果	出口	吨						282	418	440	430	607
		进口	吨						118248	195044	218355	339710	469245
坚果	核桃	出口	吨	22411	25805	32267	33617	28081	26179	10582	12086	17952	18024
		进口	吨	1468	2687	3717	6290	7813	9033	21102	25918	22837	27801
	板栗	出口	吨	32369	37581	37065	43379	45409	40920	46640	37002	37767	35081
		进口	吨	9902	13503	13763	13343	11151	11890	10820	11983	9197	10666
	松子仁	出口	吨	6080	9542	11655	9948	7882	4178	7862	7027	9633	11579
		进口	吨	33	70	27	8	196	882	935	503	2481	2279
	开心果	出口	吨	2177	3572	4992	3931	3953	7691	2469	3382	5178	11008
		进口	吨	11435	9473	11965	9129	19290	29605	21545	52781	24952	28039
干果	梅干及李干	出口	吨	2041	1697	663	484	736	475	551	954	1157	1522
		进口	吨	785	1010	503	1095	1372	1552	3034	5635	9065	8269
	龙眼干、肉	出口	吨	292	311	250	287	254	222	232	283	264	248
		进口	吨	38361	55461	44385	58895	80996	76117	133616	62036	77370	58551
	柿饼	出口	吨	11535	11067	11603	7122	8546	5660	5001	6505	4657	6080
		进口	吨		21	59	123	7					
	红枣	出口	吨	17483	15796	13080	9539	9496	7884	8668	7686	6873	8522
		进口	吨	1	26	1	1	1	17	5	51	37	17
	葡萄干	出口	吨	7778	12122	13392	23392	25680	30620	41345	39850	47959	30633
		进口	吨	7931	10772	11274	11109	12338	12570	11743	13855	20624	22358
果汁	柑橘属果汁	出口	吨	4214	3266	3848	8984	11941	16895	20220	22563	20541	6102
		进口	吨	53057	48255	60814	64454	65324	47566	65108	71364	78156	61904
	苹果汁	出口	吨	418235	487139	648463	673047	1042326	692574	799505	788409	613912	591633
		进口	吨	478	1344	461	348	1028	2270	467	464	819	1034
	苹果汁	出口	吨	296568	418235	487139	648463	673047	1042326	692574	799505	788409	613912
		进口	吨	570	478	1344	461	348	1028	2270	467	464	819

注：1. 资料来源：海关总署信息中心；

2. 表中数据体积与重量按刨花板650千克/立方米，单板750千克/立方米的标准换算：2003年按纤维板700千克/立方米折算，2004～2006年纤维板分别按硬质纤维板950千克/立方米、中密度纤维板650千克/立方米、绝缘板250千克/立方米的标准折算；2007～2012年纤维板折算标准：密度〉800千克/立方米的取950千克/立方米、500千克/立方米< 密度< 800千克/立方米的取650千克/立方米、350千克/立方米< 密度< 500千克/立方米的取425千克/立方米、密度< 350千克/立方米的取250千克/立方米；

3. 木浆中未包括从回收纸和纸板中提取的木浆；

4. 纸和纸制品中未包括回收的废纸和纸板、印刷品、手稿等；

5. 2003～2008年废纸、纸和纸制品出口量按纸和纸产品中的原生木浆比例折算，2009～2012年按木纤维浆（原生木浆和废纸中的木浆）比例折算，纸和纸制品出口量按纸和纸产品中木浆比例折算，出口量的折算系数：2003年为0.21，2004～2006年为0.22，2007年为0.214，2008年为0.221，2009年为0.80，2010年为0.78，2011年为0.80，2012年为0.85；

6. 核桃进（出）口量包括未去壳核桃和核桃仁的折算量，其中核桃仁的折算量是以40%的出仁率将核桃仁数量折算为未去壳的核桃数量；板栗进（出）口量包括未去壳板栗和去壳板栗的折算量，其中去壳板栗的折算量是以80%的出仁率将去壳板栗数量折算为未去壳板栗数量；开心果进（出）口量包括未去壳开心果和去壳开心果的折算量，其中去壳开心果的折算量是以50%的出仁率将去壳开心果数量折算为未去壳开心果数量；

7. 柑橘属水果中包括橙、葡萄柚、柚、蕉柑、其他柑橘、柠檬酸橙、其他柑橘属水果。

注　释

1. 文中林产品进出口部分，将林产品分为木质林产品和非木质林产品。木质林产品划分为 8 类：原木、锯材（包括特形材）、人造板及单板（包括单板、胶合板、刨花板、纤维板和强化木）、木制品、纸类（包括木浆、纸及纸板、纸或纸板制品、废纸及废纸浆、印刷品等）、木家具、木片、其他（薪材、木炭等）；非木质林产品划分为 7 类：苗木类，菌、竹笋、山野菜类，果类，茶、咖啡类，调料、药材、补品类，林化产品类，竹藤、软木类（含竹藤家具）。

2. 关于造林面积统计，根据造林技术规程（GB/T 15776-2006），自 2006 年起将无林地和疏林地新封山育林面积计入造林总面积。1985 年以前（含 1985 年），按造林成活率 40% 以上统计，1986 年以后按成活率 85% 统计。

3. 附表中所有统计资料和数据均未包括香港、澳门特别行政区和台湾省。

4. 附表中符号使用说明："空格"表示该项统计指标数据不足本表最小单位数、不详或无该项数据。

后　记

《2013 中国林业发展报告》是集体劳动的成果。在国家林业局领导的直接领导下，局发展规划与资金管理司和经济发展研究中心负责组织和编写，各司局、有关直属单位、北京林业大学、中国人民大学参加了这项工作。

本报告在编写过程中，得到了国家统计局、海关总署、中国造纸协会等单位的大力支持，他们为之提供了有关资料，在此表示感谢。

我们诚恳希望广大读者关心林业发展并能提供宝贵的建设性意见。我们的联系方式是：

地址：北京市东城区和平里东街 18 号

国家林业局发展规划与资金管理司

国家林业局经济发展研究中心

电话：010-84238489，84239170

E-mail:tongjichu@forestry.gov.cn

编　者

2013 年 9 月

图书在版编目 (CIP) 数据

2013 中国林业发展报告 / 国家林业局编著 . -- 北京 : 中国林业出版社 , 2013.9
ISBN 978-7-5038-7215-0
Ⅰ. ① 2… Ⅱ. ①国… Ⅲ. ①林业经济－经济发展－研究报告－中国－ 2013 Ⅳ. ① F326.23

中国版本图书馆 CIP 数据核字 (2013) 第 225783 号

责任编辑：刘家玲　张　锴

出版：中国林业出版社（100009 北京西城区刘海胡同 7 号）
E-mail:wildlife_cfph@163.com 电话：83225836
发行：中国林业出版社
制作：北京美光设计制版有限公司
印刷：北京佳信达欣艺术印刷有限公司
版次：2013 年 10 月第 1 版
印次：2013 年 10 月第 1 次
开本：889mm × 1194mm 1/16
印张：11.25
字数：238 千字
定价：88.00 元